# Frankfurt,
## wie es war und ist

Einmal kreuz
und einmal quer
und um die Halbe Stadt

von Hans Joachim Nauschütz

Verlag Die Furt

# Inhalt

## Geschichtliche Zeittafel

| | |
|---|---|
| um 1226 | Herzog Heinrich I. von Schlesien, Gatte der Heiligen Hedwig, gründet eine Marktsiedlung deutscher Kaufleute |
| 12.07.1253 | Markgraf Johann I. von Brandenburg verleiht Frankfurt das Stadtrecht |
| 1348 | Zweimalige vergebliche Belagerung der Stadt durch Kaiser Karl IV. |
| 1368 | Die Stadt wird Mitglied der Hanse |
| 1432 | Die Hussiten vor Frankfurt |
| 1506 | Gründung der Universität Viadrina |
| 1539 | Einführung der Reformation |
| 1622-1644 | Heimsuchungen durch den Dreißigjährigen Krieg |
| 1669 | Die Stadt verliert ihren wirtschaftlichen Einfluß durch die Eröffnung des Friedrich-Wilhelm-Kanals südlich von Frankfurt |
| 1669 | Frankfurt wird Garnisonstadt |
| 1686 | Die ersten Hugenotten kommen in die Stadt |
| 18.10.1759 | Russen besetzen die Stadt |
| 1777 | Heinrich von Kleist in Frankfurt geboren |
| 1806 | Franzosen besetzen die Stadt |
| 1811 | Die Viadrina schließt ihre Pforten |
| 1812/13 | Vertreibung der Franzosen |
| 1814 | Die Stadt wird Sitz des neuen Regierungsbezirkes |
| 1842 | Eröffnung der Eisenbahnlinie Berlin-Frankfurt (Oder) |

| | |
|---|---|
| 1842 | Erste Spielzeit des Stadttheaters |
| 1846 | Eröffnung der Eisenbahnlinie Frankfurt (Oder)-Breslau |
| 1855 | Höhepunkt der Frankfurter Warenmessen |
| 1870 | Eisenbahnbrücke über die Oder |
| 1894/95 | Feste Stadtbrücke über die Oder |
| 1933 | Die NSDAP übernimmt das Stadtregiment |
| 1933/34 | Widerstandsgruppen in Frankfurt |
| 26.01.1945 | Frankfurt wird zur Festung erklärt |
| 23.04.1945 | Die Rote Armee erobert Frankfurt |
| 02.07.1945 | Die Dammvorstadt wird polnisch |
| 1951 | Erste Wiederaufbauleistungen |
| 1951 | Unterzeichnung des Protokolls über die Markierung der Staatsgrenze zwischen der DDR und Polen in Frankfurt |
| 1952 | Frankfurt wird Bezirkshauptstadt |
| 1958 | Gründung des VEB Halbleiterwerkes, bis 1990 größter Arbeitgeber |
| 1972-1979 | Freizügiger Reiseverkehr zwischen der DDR und Polen |
| 19.11.1989 | Größte Frankfurter Demonstration für die Veränderung der gesellschaftlichen Verhältnisse in der DDR |
| 18.03.1990 | Erste freie Wahlen in der DDR |
| 1992 | Gründung der Europa-Universität |

# Einmal kreuz und einmal quer um die Halbe Stadt

Eine fremde Stadt muß man sich erlaufen. Dem steht nichts entgegen, wenn sie denn überschaubar nur 80.000 Einwohner hat. In ihr ankommen, ist ein ander Ding. Das hängt auch von Blicken ab, von Erlebnissen. Eine Stadt kann man sich vorbereitend erlesen. Nach Art der alten Bücher. Da sind die Merkwürdigkeiten, die einem nicht sofort auffallen, Buchstabe geworden. Eine Stadt kann man erfahren über menschliche Begegnungen, auch über Sichten und Blicke, die auf Farben fallen. Die Farben der Stadt sind Rot, Grün und Weiß. Als Wappen entschied man sich mit der Stadtrechtsverleihung von 1253 für *„einen roten han mit einem gülden kamp und gelen füssen, auf einem berge stehend im wiessen Feld“*. Nehmen wir das Rot für die Zeugnisse norddeutscher Backsteingotik, für die gotischen Kellergewölbe in einigen Häusern der Forststraße, für St.Marien und das Rathaus. Das Grün mag für die Weinstöcke stehen, die zur Halben Stadt hin zu finden gewesen sind, für die natürlichen Flußauen, die es noch gibt. Und das Weiß soll für das Wagnis stehen, eine Stadt dort zu gründen, wo es nichts Städtisches gegeben hat.

Begegnungen mit Menschen erschliessen einem die Stadt. Die touristischen Zufälle müssen hilfreich passieren bei dieser Art.

Die Stadt kann man sich erfahren. In Frankfurt (Oder), dank seiner Stadtväter vor und nach dem Oktober 1989, per Straßenbahnen. Und mit dem Bus. Ein wenig bereits mit dem Fahrrad. Mit dem Schiff schwerlich. Die Oder führt nach dem 8. Mai 1945 an der Stadt vorbei. Bis dahin teilte sie die Stadt in Frankfurt und seine Dammvorstadt. Die heißt Slubice nun, führt ein ähnliches Wappen wie die deutsche Nachbarkommune und gehört zur polnischen Wojewodschaft Gorzów (Landsberg/Warthe). Sie hat 17.000 Einwohner.

Überhaupt die Einwohnerzahlen. 1506 waren es 5.000, 1631 13.000, 1939 80.000, 1989 89.000. Ein wenig auf- und abgerundet ist das, zugegeben. Die Tendenz nach oben und unten in den Zeiten wird sichtbar.

Die 4.000 Studenten der neuen Viadrina lassen die Einwohnerzahl wieder anwachsen. Noch fällt kein babylonisches Sprachengewirr hörbar auf. Wer aber genau hinhört, der vernimmt neben deutsch auch polnisch, ehe er die Brücke quert, die nach Slubice führt.

Ankommen mit dem Zug. Nennen wir die angenehmer Möglichkeit des Reisens zuerst, die Regionalbahn, die den Besucher in weniger als einer Stunde vom Berliner Hauptbahnhof nach dem östlichen Frankfurt bringt. Oder von Norden über Eberswalde, Bad Freienwalde. Wer seine Sinne auf der Stelle allesamt parat hat beim Ankommen, bemerkt ohne Zweifel, daß sich ein großer Eisenbahnknotenpunkt ankündigt. Ein wesentlicher Teil des deutschen Schienenverkehrs, ob Waren oder Menschen von Osten nach Westen, von Westen nach Osten transportiert werden, vollzieht sich über Frankfurt. Ein mögliches Großgüterverteilzentrum der Zukunft. Das Wortungetüm ist erfunden. Es ist ein kaum gerundetes Wort. Aber es hat damit zu tun, der Stadt eine wirtschaftliche Zukunft auszudeuten.

Vom Bahnhof aus ist der Besucher in wenigstens zehn Minuten im Stadtzentrum. Es leiten ihn deutliche Hinweisschilder. Die gibt es auch in polnischer Sprache.

Ankommen mit dem Auto. Über die Bundesautobahn 12 zum Beispiel. Im Augenblick ist das kein Zuckerlecken. Es versteht sich, daß eine Stadt, die auf sich hält, nichts zu verbergen hat. Ihre Autobahnzuführung ist nicht nur überlastet, sie ist hoffnungslos veraltet, verschlissen und zerschlissen. Vom Berliner Ring aus wird die Autobahnerneuerung Frankfurt erst nach dem Jahre 2.000 erreichen.

Aber über die Bundesstraßen 5 und 1 ist das bereits vergnüglicher. Wegen der rustikalen Gaststätten in den Dörfern und der Alleen, die auf Frankfurt zuführen. Und wenn die Sicht gut ist, sieht der Autofahrer fünf Kilometer vor Frankfurt das Odertal schimmern, die Hügel der östlichen Endmoräne. Kommt er von Norden über die B 167 oder von Süden über die B 112 aus Richtung Guben/Eisenhüttenstadt oder von Südwesten über die B 87 aus Richtung Beeskow, erlebt er die sanfte Welligkeit der auf den großen Fluß weisenden Landschaft. Es ist die Oder, die stille, die gewaltige, die eingedämmte und machmal unbändige. Die Menschen haben ihr vor über 250 Jahren zwischen Güstebieserloose und Hohensaaten ein neues Bett gegraben. Sie haben Land gewonnen und neue Siedlungen gegründet. Das wurde als menschliche Kulturleistung gefeiert 1997. Die Feiernden meinten, die Dämme seien sicher, die aus der Flußlandschaft gewonnen Kulturlandschaft sei sicherer Besitz der Lebenden. Im Sommer 1997 war nicht nur in Frankfurt „Land unter“. Die Uferstraßen waren überschwemmt. „Vor dem Gubener Tore“, im Buschmühlenweg, ging für die Bewohner nichts mehr. Einige mußten Hab und Gut verlassen. Die wichtigste Nachricht während dreier Wochen war jene mit dem Pegelstand. Die mit Superlativen versehene Flut - Jahrhunderthochwasser/Jahrtausendhochwasser - erreichte 6,57 Meter. Zur Besichtigung des Unglücks fanden sich Menschen ein, die sonst vermutlich Frankfurt nie besucht hätten.

Entscheiden wir, uns die Innenstadt zu erlaufen: EINMAL KREUZ UND EINMAL QUER UM DIE HALBE STADT. Das ist kein Witz. Die Straße Halbe Stadt gibt es wirklich. Sie ist auf halber Höhe der Endmoräne errichtet. Ihre Häuser trugen im Rücken Bürgergärten. Im 19. Jahrhundert erst, als die Stadtbefestigung geschleift war und mit Hilfe von **Johann Peter Lenné** auf den Wällen der Stadt ein Park angelegt, wurden die Stadtvillen im klassizistischen Stil erbaut. Vermutlich finden sich unter den Architekten **Schinkel** und **Cantian**. In einem der Gärten soll 1926 der letzte Weinstock gerodet worden sein. Auf alten Abbildungen stößt man immer wieder auf Gärten mit Weinstöcken. Wie der Wein gemundet hat, wissen wir nicht genau. Auf jeden Fall hatte die Westseite der Stadt kaum ein großes Tor, eher Pforten, durch die man ins Vorland gelangte. Die Straße also führte um die Halbe Stadt. Sie ist unser Bezugspunkt, wenn wir den ersten Gang unternehmen. Der zweite ist der Fluß, der fast parallel zur Halben Stadt verläuft.

Der trägt die lateinische Bezeichnung Viadua oder Viadria. Nach ihm ist die Universität benannt, die erste 1506, die Universitas Viadrina, die zweite 1992, die Europauniversität Viadrina.

# Ein Universitätsgang

Das Moment der Planmäßigkeit, des Willentlichen, ist eine der Eigentümlichkeiten, die zur Stadt Frankfurt geführt haben. 1253 ließen die Askanier, Landesherren, sie planmäßig anlegen. Als ein Rechteck am Fluß. Mit kaum verwinkelten Straßen. Überschaubar bis in die letzte Ecke. Das ist noch heute zu erahnen. Auch die Universität war ein solch planmäßiger Akt. Von den sieben deutschen Kurfürstentümern besaßen sechs Universitäten, die als Landesuniversitäten fungierten. Brandenburg besaß keine. Frankfurt hatte beste Voraussetzungen: Den nahen Bischofsitz von Lebus, dessen Inhaber im Gründungsjahr **Dietrich von Bülow** hieß. Die Messen, die bedeutendsten neben Leipzig. Das hing mit den Flüssen und deren Verbindungen nach Schlesien und in die Lausitz zusammen und über die Warthe bis weit ins polnische Land. Das aufkommende Druckwesen, welches seit 1502 in der Stadt zur Blüte kam. Den Reichtum der Bürger, die an Stapelrechten verdienten und am Fernhandel. Die prächtige Marienkirche als dreischiffige Hallenkirche und größten mitteldeutschen Bau. Das anmutige Rathaus als weiträumiges Handelszentrum. Beide Bauwerke noch im 13. Jahrhundert begonnen.

*Hieronymus Schurf (1481-1554), Juraprofessor und Rechtsberater Martin Luthers in Worms*

Der Hohenzoller Joachim I. ist da mit allen Interessenten im Einvernehmen gewesen. Eine Quelle stützt unsere Überlegung. In ihr heißt es, daß die Stadt wegen der „gesunden Lage", der „anmutigen Umgegend", der „Obst- und Weingärten, ihres fischreichen Stromes und Wohlstandes" auserwählt worden ist. Stellen wir uns einen Umzug vor. Die Notablen in prächtigen Kleidern. Der Landesfürst ist dabei, der Bischof, der Bürgermeister, Mönche der Klöster, Franziskaner und Karthäuser, die ersten Studenten. 400 waren es bald. 5000 Einwohner zählte die Stadt. Eine mächtige Universität, die das brandenburgische Staatsgefüge festigen sollte.

Unser Gang beginnt an der Kreuzung Halbe Stadt/Karl-Marx-Straße/Karl-Ritter-Platz stadtwärts rechts, in der Nähe des Denkmals, welches **Karl Marx** (1818-1883) gewidmet ist. Hier etwa stand das Lebuser Tor. Eine Klinkermauer illustriert mit Reliefs die Universitätsgeschichte. Die Reliefs stammen vom Bildhauer **Walter Kreisel**, der in der Stadt lebt. Der Standort signalisiert, daß da das Hauptgebäude der alten Viadrina gestanden hat, ein Haus von schlichter Schönheit. Eine Kopie des Portals von 1694, welches das Collegienhaus schmückte, ist am Museum Viadrina zu sehen. Das Universitätshaus, das nach Aufhebung der ersten Universität 1811, zur Schule wurde, zur Georgen-Schule, überstand den Krieg lädiert. Ein ahistorisches Verständnis von Gegenwart ließ das zur Ruine gewordene Anwesen 1962 verschwinden.

*Das Wappen der alten Viadrina*

Die sich rasch entwickelnde universitäre Einrichtung belebte den bereits etablierten Buchdruck außerordentlich. Bis 1540 ist Frankfurt die einzige Druckerstadt der Mark. Ihr gebührt der Ruhm, die Buchdruckerkunst in Brandenburg eingeführt zu haben. Während der nächsten drei Jahrhunderte bringt die Druckerkunst Leistungen hervor, die u. a. an die Druckerfamilie **Eichhorn**, Vater und Sohn, gebunden sind. Im 17. Jahrhundert treten Leistungen im hebräischen Buchdruck hinzu.

Wir wissen nicht, ob die erste in Deutschland ausgeführte Leichensektion im Universitäshaus durchgeführt worden ist. Für 1542 ist erstmalig eine anatomische Demonstration an der Leiche eines Soldaten dokumentiert. Sie wurde von **Heinrich Eggeling** (Lebensdaten unbekannt) durchgeführt. Der Medizinprofessor **Johann Sigismund Elsholtz** (1623-1688), der sich seit 1631 mit dem Blutkreislauf des Menschen beschäftigte, *„wie eine Arzney durch geöffnete Ader bey zu bringen"*, war der erste Arzt auf deutschem Boden, der die intravenöse Injektion in die Arzneiwissenschaft einführte. Und **Matthäus Gottfried Purmann** (1648-1711) beschreibt, daß er ein *„glückliches Exempel ... gesehen"*. Dem Patienten *„haben wir eine Quantität seines Blutes auf unterschiedliche mahl aus der Median-Ader nach und nach herausgelassen und allezeit bald darauf wieder anders von einem Lamme darein, welchem die Drossel-Ader allzeit geöffnet worden."* Es handelt sich um die erste Bluttransfusion in Deutschland.

Es ist also Medizin-Geschichte geschrieben worden in Frankfurt an der Oder in über 400 Jahren.

In den ersten Jahren nach Gründung der Universität kam die Mode auf, an deutschen Universitäten zwar einige Semester zu studieren, anderswo aber, in Padua oder Paris, zu promovieren. Die Studentenzahl sank auch in Frankfurt. Die Lehre drohte zu verfallen. Deshalb erließ 1572 der brandenburgische Kurfürst **Johann Georg** (1525-1598) ein Edikt, nach dem niemand in Brandenburg eine Stelle bekleiden sollte, der nicht an der Viadrina studiert, daß kein Magistrat einen Arzt berufen sollte, der nicht in Frankfurt ausgebildet.

Die alte Universität hat Spuren hinterlassen. In ihre Matrikel schrieben sich im Laufe der Jahrhunderte u.a. ein der Dichter-Rebell **Ulrich von Hutten** (1488-1523) und der Bauerkriegsführer in Thüringen **Thomas Müntzer** (1490-1527), der schlesische Dichterfürst **Martin Opitz** (1597-1632) und der begabteste Bachsohn **Carl Philipp Emanuel Bach** (1714-1788), der Frankfurter Dichter **Heinrich von Kleist** (1790-1811), die Brüder **Wilhelm und Alexander von Humboldt** (1767-1835, 1769-1859). Es gab diese und jene Rektoren, berühmte, wissenschaftlich erfolgreiche und devote. Mitunter waren Feiern der preußischen Königsfamilie Anlaß, sich in Szene zu setzen. 1756 zum Beispiel. **Friedrich II.** (1712-1786) schrieb an die Viadrina:

*„Der König dankt der treuen Universität zu Frankfurt für die ihm überreichten Programme, Reden und Oden, so bei Gelegenheit der Vermählung des Prinzen von Preußen alldort gehalten worden; nur aber würde er lieber sehen, wenn statt dergleichen Universitätsgebräuchen die Zeit vielmehr zum Nutzen der studierenden Jugend angewendet würde.“*

*Ulrich von Hutten. Er studierte von 1506 bis 1508 in Frankfurt (Oder).*

Am Ende ordnete König **Friedrich Wilhelm III.** (1770-1840), König von Preußen, an, daß wegen der Gründung der Berliner Friedrich-Wilhelm Univer-sität 1810, die Frankfurter Viadrina nach Breslau versetzt wird. Noch 1807 hatte die Universität sich an den Minister **Freiherrn vom Stein** (1757-1831) gewandt, die Universität durch Vergrößerung des Lehrpersonals wegen Verdoppelung der Studentanzahl zu erweitern. Samt Bibliothek und Archiv, es handelte sich um die allererste öffentliche Bibliothek in Brandenburg, wurde Breslau zum Standort der Universität bestimmt, die Hauptstadt der volkreichsten preußischen Provinz, die Restpreußen nach dem Debakel von Jena und Auerstäft 1806 im Kampf mit Napoleon verblieben war. Auch die Pflanzen und Sammlungen des Botanischen Gartens gingen nach Breslau. Dort befinden sich wesentliche Teile des Schrifttums noch heute. Die Mehrzahl der Professoren und Studenten reiste mit. Das Inventar wurde übrigens auf Oderkähnen, einem speziellen nur diesem Fluß eigenen Bau, über die Oder, die beide Städte verbindet, nach Schlesien verbracht. Bleibt zu vermelden: Die Beziehungen zwischen der Viadrina, besonders ihrer Kulturwissenschaftlichen Fakultät, und der Leopoldina in Wroclaw (Breslau) sind ausgezeichnet.

*Grabmahl der Familie Darjes*

Die genannten Spuren zu verfolgen, braucht es nur wenige Minuten. In Odernähe steht das Junkerhaus, dessen frühe Ausbauphasen die adligen Sprößlinge beherbergte, genauer gesagt die Söhne des Kurfürsten und deren adlige Gesellen, die studieren sollten. Heute ist das Haus Museum. Es befindet sich nicht nur wegen der herrlichen barocken Stuckdecken in Rekonstruktion. Die sind bereits zu bewundern. Das historisch zu den wertvollsten Besitztümern der Stadt zählende Haus befindet sich in der Grunderneuerung.

In südlicher Richtung, in umittelbarer Nähe des Hauses der Künste „St. Spiritus“, entdeckt der Besucher das Grabmal für die Familie Darjes. **Joachim Georg Darjes** (1714-1791) hatte einen von zwei ersten deutschen Lehrstühlen für Wirtschaftswissenschaften inne. Darjes, auch Gründer der gemeinnützigen Frankfurter Gelehrten Gesellschaft (1766), schuf die theoretischen Grundlagen für die die Feudalgesellschaft ablösenden neuen Rechtsauffassungen.

*Hauptportal der neuen Viadrina*

Folgen wir der Lindenstraße noch dreihundert Meter, so treffen wir auf den schönsten Barockbau der Stadt, das sogenannte Türmchenhaus. Es beherbergte Jahrzehnte die Familien von Universitätsprofessoren. Wo genau der mehrfache Rektor der Viadrina **Johann Christoph Becmann** (1641-1717) - nach neuerer Schreibweise Beckmann - wohnte, ist nicht recherchierbar. Beckmann, ein Polyhistor, ist mit seinem Werk „Historische Beschreibung der Chur- und Mark Brandenburg" wichtigste Bezugsperson, wenn es um die Geschichte der Mark bis ins 17. Jahrhundert geht.

Die Europauniversität Viadrina hat ihr Hauptgebäude in der Regierungsstraße, Ecke Logenstraße. Es handelt sich bei der Bauausführung um eine historisierende Barockform. Das Gebäude beherbergte bis 1945 eine preußische Provinzialregierung. Bis 1990 waren die Hauptbehörden des Rates des Bezirkes Frankfurt, einer von dreizehn Bezirken der DDR, dort untergebracht. Bis zum Sommer 1991 die Bezirksverwaltungsbehörde, die Pionierarbeit bei der Wiederauferstehung des Landes Brandenburg leistete. Der Einbau einer modernen Universitätsbibliothek erscheint als ein Meisterstück architektonischer Planung und Bauausführung. Sie wurde 1996 eingeweiht.

Die Europauniversität Viadrina zählte im Herbst 1997 etwa 3.000 Studierende. Sie ist in drei Fakultäten gegliedert, die Rechtswissenschaftliche, Wirtschaftswissenschaftliche und Kulturwissenschaftliche. Institute und Studienformen versuchen Studientransformation. Angesichts der rasanten Veränderungen in Mittelosteuropa und Osteuropa scheint das zwingend. Die immatrikulierten Studenten kommen aus vielen Ländern, ein wesentlicher Teil aus Polen. Die Immatriku-

*Das Türmchenhaus*

*Das Gebäude des Collegium Polonicum auf dem Ostufer der Oder*

lationen von Polen und Osteuropäern haben in Franfurt Tradition. Während mancher Jahrzehnte betrug der Anteil der Studenten aus Polen, Osteuropa einschließlich der baltischen Länder, aus Böhmen und Siebenbürgen etwa ein Drittel.

Stehen wir am Oderufer, fällt unser Blick auf einen modernen Bau, der an den polnischen Ausgang der Oderbrücke schließt. Es handelt sich um das Collegium Polonicum, eine zwischenuniversitäre Einrichtung der Adam-Mickiewicz-Universität Poznan (Posen) und der Viadrina. Mit Instituten und Forschungsmöglichkeiten ausgerüstet, soll es den fließenden geistigen Transfer zwischen Deutschland und Polen einflußnehmend begleiten.

Die neue Universität hat, wie der Leser ahnt, ihre Begründung nicht in den vielen Obst- und Weingärten gefunden. Das studentische Leben des Mittelalters und der Renaissance, auch der Barockzeit war lebendig und mitunter laut. Daran werden die Frankfurter Weine beteiligt gewesen sein. Was für uns heute unvorstellbar ist: Der Ertrag der Weinberge soll 1797/98 etwa 540 Hektoliter betragen haben. Noch 1886 wurden die Rotweine Gemeinroter, Klebroter und als Weißweine Schönedel und Elbling gekeltert. All das ist ganz sicher getrunken worden. Denn es gibt einen überlieferten Spruch, der nur von Studenten stammen kann:

*„Vinum de Marchia terra*
*transit guttu tamque serra"*

*Vom märkischen Sande der Wein*
*fährt wie die Säge zur Kehle hinein.*

Alle Gänge, die wir in Frankfurt unternehmen, lieber Leser, werden mit der alten und neuen Viadrina zu tun haben. Sie verschränken sich mit unserem Blick auf die Messe- und Hansestadt.

# Ein musikalischer Gang

Den beginnen wir im Norden der Innenstadt, in unmittelbarer Nähe zur Oder. Dort steht eine alte Klosterkirche der Franziskaner, ein selten schöner Bau. Er ist rundherum begehbar. Am besten beginnt man in der Collegienstraße. Seit 1966 wurde die Kirche zu einem Konzertsaal umgebaut. Das Zusammengehen von denkmalpflegerischer Erhaltung und musikalischer Bespielbarkeit hat sich zu einem international anerkannten Beispiel für die künstlerische Nutzung von Kirchenbauwerken gefügt. Es handelt sich um eine dreischiffige Hallenkirche von sechs Jochen mit einschiffigem, gerade geschlossenen Chor und nördlich angebauter Kapelle. 1970 wurde das Pflanzendekor der ursprünglichen Bemalung im spätgotischen Netzgewölbe freigelegt. Der Schwedter Bildhauer **Axel Schulz** hat die schmiedeisernen Türen der Konzerthalle geschaffen, die sich problemlos in den gotischen Bau einfügen. Ausgerüstet ist das Kontzerthaus mit einer Sauerorgel. Berühmte Instrumentalsolisten traten auf, Vater und Sohn **Oistrach**, (**David** 1908-1989, **Igor** 1931 geb.) der unlängst verstorbene **Swjatoslaw Richter** (1914-1997).

Ausgangsüberlegung des ersten Direktors der Konzerthalle, des inzwischen verstorbenen **Herbert Schumacher**, war, die von Osten nach Westen und von Westen nach Osten reisenden Künstler in Frankfurt Station machen zu lassen. Die vorzügliche Akustik des Raumes läßt höchsten Konzertgenuß zu. Die Halle ist das Stammhaus des Staatsorchesters Frankfurt. Sie trägt den Namen

*Die Konzerthalle, ehem. Franziskanerkirche, dahinter die doppeltürmige Friedenskirche (St. Nikolai)*

des begabten Bachsohnes „**Carl-Philipp-Emanuel-Bach**". Ein Anbau mit Probenräumen wurde 1988 eingeweiht.

Angelehnt, der Konzerthalle benachbart, befindet sich das Collegienhaus. Es beherbergt das Frankfurter Stadtarchiv. Ein zweiter Zugang öffnet einen kleinen Teil der vom Museum Viadrina betreuten „Reka-Sammlung historischer Musikinstrumente." Experten beurteilen den gesamten Fundus des Museums als europäisch bedeutend. Leider kann durch die Rekonstruktionsmaßnahmen im angestammten Haus der Instrumentensammlung, dem Museum Viadrina, zur Zeit nicht alles gezeigt werden. Die Vorführung in Verbindung mit der Konzerthalle ist eine Notvariante und vorübergehender Natur. Die Sammlung umfaßt etwa 500 Instrumente; ein Teil davon ist spielbar. In den siebziger Jahren kaufte die Stadt Frankfurt den Bestand an. Er stammt von der Artistenfamilie Kaiser, die unter dem Künstlernamen Reka bis weit in die dreißiger Jahre hinein weltweit auftrat. **Berol Kaiser-Reka** betreute die Sammlung bis 1993. Eines der nachgebauten Instrumente ist das Portativ, Vorläufer der Orgel. Wertvolle Violinen, Cembali und Blechblasinstrumente, auch Instrumente der Naturvölker, erwarten den Besucher, der nach Voranmeldung Zugang erhält.

*Carl Philipp Emanuel Bach (1714-1788)*

In unmittelbarer Nachbarschaft erhebt sich die Nikolaikirche, die seit langer Zeit Friedenskirche genannt wird. Die Kirche wird seit Jahren aufwendig rekonstruiert. Die dreischiffige, vierjochige Halle aus dem 14. Jahrhundert birgt Reste eines spätromanischen profilierten Rundbogenfrieses aus Ziegelformsteinen. Der Kirchenbau könnte, folgte man ursprünglicher Planung, ein Orgelmuseum werden, das die Tradition des Frankfurter Orgelbau **Sauer** dokumentiert. Denkbar ist die Aufnahme restaurierter Instrumente aus den Dorfkirchen der Oderregion, die vor dem Verfall gerettet werden konnten.

Fast im Geviert, im Areal der Collegienstraße, steht ein Bau, der die MUSIK- und KUNSTSCHULE beherbergt. Heute sieht man dem Schulgebäude von der Vorderseite kaum an, daß es sich um ein berüchtigtes Gefängnis handelte. Der Bau aus der Gründerzeit war kaiserliches Gefängnis und Hinrichtungsstätte, er war es in der Weimarer Republik und selbstverständlich während der Nazizeit. Hier wurden Antifaschisten gequält und umgebracht.

Nach dem 8. Mai 1945 blieb das Haus Gefängnis und auch Hinrichtungsstätte. Später war es Untersuchungsgefängnis. Ein Teil wurde mehrere Jahre vom Ministerium für Staatssicherheit genutzt. Eine Gedenkstätte, die über den Eingang der Musik- und Kunstschule zu erreichen ist, dokumentiert das Gefängnisgeschehen von über hundert Jahren in mehreren ehemaligen Einzelzellen.

*Die Musikschule (direkt südlich der Konzerthalle)*

Die MUSIK- und KUNSTSCHULE ist Initiator eines einmaligen Experiments. Vor nunmehr knapp dreißig Jahren vereinbarten die Direktoren der Musikschulen Frankfurt (Oder) und der Wojewodschaftshauptstadt Zielona Gora (Grünberg) ein gemeinsames Orchester mit Musikschülern beider Schulen. Zwei Dirigenten sorgen sich erfolgreich um ein reiches musikalisches Leben. Tourneen haben den Klang des Orchesters auch außerhalb der beiden Länder in Konzertsäle getragen.

Mit der Schulstraße überquert der Fußgänger den Rand der Grenzbrücke, wenn er nicht die Anlagen am Oderufer bevorzugt. Im ersten Fall gelangt er über die Scharrnstraße und den Marktplatz an der Bischofstraße zur Marienkirche. Über sie wird an anderer Stelle noch zu sprechen sein. Wir erwähnen sie bei unserem musikalischen Gang, weil sie wiederum mit **Carl Philipp Emanuel Bach** verbunden ist als auch mit anderen Komponisten.

Carl Philipp Emanuel, von dem man nicht weiß, warum er sein Jurastudium in Leipzig abbrach, um es in Frankfurt (Oder) an der Viadrina fortzusetzen, weilte vier Jahre in der Stadt. In der Selbstbiographie Carl Philipp Emanuels von 1773 ist zu lesen: *„Nach geendigten Studien auf der leipziger Thomasschule, habe ich die Rechte sowohl in Leipzig als nacher in Frankfurt an der Oder studirt, und dabey am letzteren Orte sowohl eine musikalische Akademie als auch alle damals vorfallenden öffentlichen Musiken bey Feyerlichkeiten dirigirt und komponirt“.* Bach schrieb in der Stadt Gelegenheitswerke verschiedenster Art und Funktion. Er war Kantor. Wir wissen nicht, warum er ausgerechnet Jura studierte und mit welchem Ergebnis, denn nach seinem eigenen Bericht nahm die musikalische Tätigkeit bei seinem

Aufenthalt die erste Stelle ein. Musikliebhaber aber mögen ohnehin wissen, daß auch **Heinrich Schütz** (1585-1672) und **Georg Friedrich Händel** (1685-1759) zunächst Jura studierten. Bach weilte von 1734-1738 in der Oderstadt und gilt als Gründer der FRANKFURTER SINGAKADEMIE, die ihre Heimstatt in der Konzerthalle hat. Die Singakademie bestreitet auch Konzerte in der Marienkirche. In der Konzerthalle befindet sich eine kleine Gedenkstätte für den Bachsohn.

Die Kirche war Aufführungsort und Arbeitsort nicht nur für Bach, sondern auch für **Michael Praetorius** (1571-1621). Ihm verdankt die Welt eines der schönsten Weihnachtslieder „Es ist ein Ros entsprungen..." Praetorius weilte von 1586 bis 1589 in der Stadt. Er studierte und war mit Kantorarbeit beschäftigt. Musikliebhaber in aller Welt kennen das von ihm verfaßte Werk „Syntagma musicum". Darin hat er die im Mittelalter gebräuchlichen Musikinstrumente in Wort und Bild vorgestellt.

*Collegienhaus, dahinter der Westgiebel der Konzerthalle*

Musiker des Frankfurter STAATSORCHESTERS haben sich vor Jahren im Ensemble „Michel Praetorius„ zusammengefunden. Sie spielen Musik auf historischen Instrumenten, fungieren mitunter als Turmbläser von St.Marien.

Unzweifelhaft war die Universität das geistige Zentrum der Stadt. Einer ihrer Professoren, der Arzt **Jodocus Willichius** (1501-1552), schuf um 1530 die erste deutsche bürgerliche Musikvereinigung, ein „COLLEGIUM MUSICUM", das unter dem Namen Convivium circulare gegründet wurde. Das geschah zu jener Zeit, als Willichius noch Lehrer für Griechisch an der Viadrina war.

Vom Stadtkommandanten, dem Prinzen **Leopold von Braunschweig** (1752-1785), Lessing war sein Lehrer gewesen in Wolfenbüttel, ist bekannt, daß er mit seinem Antritt als Garnisonchef 1776 nicht nur offene Tafel hielt, sondern auch das Musizieren förderte. Er soll leidlich ein Instrument gespielt haben. Offensichtlich verfügte er nicht über das Talent seines Onkels, des preußischen Königs **Friedrich II.**, den wir als Flötenspieler und Komponisten kennen.

Viele Jahre, von 1857 bis 1995, war der Orgelbau in Frankfurt beheimatet. Über 1.100 Instrumente sind im Orgelbau **Sauer** während der Frankfurter Zeiten hergestellt worden. Sie gingen in

*Kürzlich restauriert: Das Stammhaus der Orgelbaufirma Sauer in der Paul-Feldner-Straße.*

alle Welt. Die größte Orgel wurde 1905 im Berliner Dom am Lustgarten installiert. Unter dem Einfluß des Orgelbauers **Paul Walcker** vollzogen sich ab 1910 orgelbaugeschichtlich interessante Veränderungen. Bei Wahrung der norddeutschen Orgelbautradition wurde die Taschenwindlade als Möglichkeit eingeführt, die mit der pneumatischen Traktur verbundene Verzögerung der Tonsprache zu vermeiden. Walckers Beschäftigung mit barocken Orgelbauprinzipien ließen ihn die Schleifwindlade und die mechanische Traktur wiederentdecken.

Der Orgelbau Sauer war in der heutigen Paul-Feldner-Straße angesiedelt. Das eben rekonstruierte und restaurierte späbarocke Gartenhaus, ein eingeschossiger Putzbau mit hohem Mansarddach, es findet sich ein zweiachsiger Dacherker mit Attika und Vasenbekönung, war die Wohnung der Orgelbaufamilie Sauer ab 1856.

1884 wurde in Frankfurt (Oder) **Gottfried Piefke** (1815-1884) zu Grabe getragen. Vier Generale waren bei der Trauerfeier anwesend. Der Mann hatte in jungen Jahren in Frankfurt gedient und in Berlin Musik studiert. **Hans von Bülow** (1830-1894) hat sich zur Kunst von Piefke sehr anerkennend geäußert. Was unseren Mann bekannt gemacht hat, sind rund 60 Musikwerke, die er komponierte, und zwar in Uniform. Die wichtigsten sind an die deutschen Einheitskriege gebunden, der „Düppeler Sturmmarsch" (1864 Deutsch-Dänischer Krieg), der „Königsgrätzer" (1866

Preußisch-Österreichischer Krieg) und „Preußens Gloria“ (1871 Deutsch-Französischer Krieg).

In Österreich bezeichnet man die Preußen als Piefkes. Das ist bekannt. Die freundliche Bezeichnung soll auf die Tatsache zurückgehen, daß **Piefke** und sein Bruder **Rudolf**, ebenfalls Militärmusiker, aber in Küstrin, 1866 die Siegesparade vor Wien angeführt hätten. Die vor die Tore geeilten Wiener sollen ausgerufen haben: „Die Piefkes kommen!“ Eine CD mit den bekanntesten Märschen Gottfried Piefkes ist im Frankfurter Handel zu bekommen. Die Märsche werden vom heimischen Polizeiorchester gespielt.

Schließlich ist auch von Folklore zu reden. In den siebziger und achtziger Jahren sammelte der Sänger am KLEIST-THEATER, **Jürgen Maerz**, das Liedgut Frankfurts und der Oderregion. Es spiegelt, wie das vermutlich von allen deutschen Landschaften gesagt werden kann, das soziale Leben der Bauern, Handwerker und Tagelöhner. Maerz veröffentlichte seine Sammlung in einer Heftreihe, die in der Stadtbibliothek unter den Regionalica zu finden sein dürfte. Einige dieser Lieder sind derb. Als Beispiel mag die erste Strophe des Liedes vom „Frankfurter Pfannenflicker“ gelten:

*„Ich bin der Pfannenflicker aus der Stadt,*
*hab immer frohen Mut.*
*Denn wer sein Handwerk gut versteht,*
*der leidet selten Not.*
*Und geht auch mal der letzte Taler aus,*
*der Pfannenflicker macht sich nichts daraus.*
*Er flickt die Pfanne, Pfanne, Pfanne*
*von Haus zu Haus.“*

# Theatergang

Die Stadt blickt auf eine lange Theaterdradition zurück. Die hat sich mit der Landesuniversität entwickelt. Es sind Stücke in lateinischer Sprache überliefert, die gespielt wurden. Es handelte sich dabei um Fastnachtspiele und um studentisches Erbauungstheater. Manches Stück wird von Professoren der Universität geschrieben worden sein. Mit einem dieser Stücke überraschte das heutige „THEATER DES LACHENS", es ist aus dem Staatlichen Puppentheater hervorgegangen und hat seinen Sitz in der Ziegelstraße als Truppe der freien Theaterszene, die Feierlichkeiten zur zweiten Universitätsgründung 1992.

Ein fest etabliertes Theater als Stadttheater leisteten sich die Bürger Frankfurts ab Mitte des 19. Jahrhunderts. Es entstand zwischen 1840 und 1842 in der Nähe des neuaufgeführten Bankgebäudes der Dresdner Bank und der Stadtsparkasse. Die Bauausführung erfolgte *„in enger Anlehnung an Schinkelsche Entwürfe"* (Architekt **Emil Karl Flaminius**). Ende April 1945 brannte das Stadttheater nieder. Spielversuche wurden in halbwegs intakten Sälen unternommen. Bereits ab dem 4. Mai 1946 gibt es einen planbaren Spielbetrieb. In den ersten drei Monaten nach Aufnahme des Spielbetriebes besuchten rund 20.000 Frankfurter das Theater. Oft mußte um Spenden in Form von Nägeln oder Briketts gebeten werden. Sie ersetzten den Eintrittspreis. Das Theater, das sich fortan „KLEIST-THEATER" nennt, etablierte sich als Drei-Sparten-Theater in der Gerhart-Hauptmann-Straße. Sein vorläufiges Domizil ist das zwischen

*Das Kleist-Theater in der Gerhart-Hauptmann-Straße. In einigen Monaten steht der Umzug in ein neues Gebäude im Stadtzentrum bevor.*

1929 und 1941 wirkende Musikheim, ein Bau von **Emil Bartning**, der in seiner Ausführung trotz beträchtlicher Umbauten in den Nachkriegsjahrzehnten des 2. Weltkrieges deutlich an die Sachlichkeit des BAUHAUSES erinnert. In den nächsten Jahren wird es einen Mehrzweckbau im Stadtzentrum geben, der das Kleist-Theater aufnehmen wird.

Fahrende Komödiantengruppen mögen die Zeiten ausgefüllt haben, in denen Frankfurt kein festes Theater und kein Ensemble besaß. Überliefert ist eine Sonderheit vom 10. Juli 1755. Die damals sehr bekannte Theatergesellschaft **Ackermann** brachte in Anwesenheit des Autors **Gotthold Ephraim Lessing** (1729-1781) das bürgerliche Trauerspiel „Miß Sara Samson" zur Uraufführung. Das geschah im Ballhaus vor den Toren der Stadt, einer Spiel- und Vergnügungsstätte der Stadtbürger. Der spätere Direktor des Königlichen Nationaltheaters Berlin und lyrische Dichter der Aufklärungszeit **Karl Wilhelm Ramler** (1725-1798) berichtete dem Freunde Lessings **Ludwig Gleim** (1719-1803) in einem Brief *„... die Zuschauer haben 3 1/2 Stunden zugehört, stille gesessen wie Statuen und geweint ..."*

Das den Bürgern auf den Leib geschriebene Trauerspiel - es verhandelt ihre unter absolutistischen Verhältnissen schwierige Emanzipation - mag ein Steinchen gewesen sein, daß die Frankfurter ihr Stadttheater einzufordern begannen.

Das KLEIST-THEATER ist der Dramatik Kleists in besonderer Weise verpflichtet. In der Regel bringt es jährlich eine Inszenierung Kleistscher Stücke heraus, üblicherweise zu den Kleist-Festtagen im Oktober des Jahres. Das Theater erreicht man vom Stadtzentrum aus bequem mit der Straßenbahn Richtung Westkreuz in etwa 10 Minuten.

*„Frank & Stein" von Ken Campbell, Szene mit Heidi Fabian und Volker Herold in einer Aufführung des Kleist-Theaters*

Das „THEATER DES LACHENS" in der Ziegelstraße setzt auf kleine Inszenierungen auch theatralischer Mischformen. Hervorgegangen aus dem Staatlichen Puppentheater in der Rosa-Luxemburg-Straße, sind Inszenierungen von Puppentheater keine Seltenheit. In der Kulturfarbrik, ebenfalls Ziegelstraße, hat das „Theater im Schuppen", eine Laienbühne, sein Domizil. Die Bühne in der Ziegelstraße gibt im

„Theater des Lachens“ einem Schattentheater Spielmöglichkeiten.

In der nichtkommerziellen Theaterszene Frankfurts ragen zwei Zusammenhänge heraus, die kaum erklärbar sind. Es ist zum einen die Existenz mehrerer SCHULTHEATER. Zum anderen handelt es sich um die erfolgreiche Gründung eines seit 1990/91 bestehenden Seniorentheaters, das den Namen „SPÄTLESE“ trägt.

*Dantons Tod im Theater des Lachens (Regie: Astrid Griesbach), Szene mit Thomas Jahn*

Ein erstes Schülertheater entstand an der Erweiterten Oberschule Frankfurt Ende der siebziger Jahre. Es nannte sich „THEATER IN DER SENKE“, nach dem Standort eines Schulneubaues an der Müllroser Straße im Stadtteil Altberesinchen. Inzwischen ins angestammte Haus zurückgekehrt, in die Wieckestraße, sind etwa zwei Inszenierungen pro Schuljahr die Norm. Gründer und Leiter ist der Kunsterzieher und Literat **Jürgen Barber**. Sein Theaterprojekt blieb eines der wenigen Schultheaterprojekte in der DDR. Barber ist Vorsteher der Frankfurter Stadtverordnetenversammlung. Die Heimat seines Schülertheaters, das Karl-Liebknecht-Gymnasium, verfügt über eine Singegruppe, die sich mitunter auch theatralischer Mittel bedient. Qualität des Gesangs und origineller Einsatz von Instrumenten machen die Auftritte der Gruppe, die mitunter literarische Lesungen einschließen, zu einem kulturellen Ereignis.

In der Wendezeit 1990 gelang es, ein Konzept für die Tätigkeit von „Theaterlehrern“ durchzusetzen. Mehrere Schülertheater arbeiten unter Anleitung des Lehrers und Stückeschreibers **Frank Radüg** und des Deutschlehrers **Frank Paulukat**, der auch als Kritiker hervorgetreten ist.

Das Seniorentheater „Spätlese“ bildete sich ebenfalls „von unten“. Seine Hauptspielstätte ist der Theaterboden im Haus der Künste „St.Spiritus“, Lindenstraße 7. Leiter ist der ehemalige Intendant des Kleist-Theaters, der Regisseur **Günter Klingner**. Aufenthalte im Ausland und die erfolgreiche, auch preisgekrönte Teilnahme an Theaterwettbewerben im In- und Ausland, die Witzigkeit der Inszenierungen und die Tatsache, daß in jeder Inszenierung die außerordentliche Spielfreude der Senioren zum Tragen kommt, auch ausgefeiltes Theaterhandwerk nachgewiesen wird, macht die Spielstätte im Haus der Künste „St.Spiritus“ so anziehend.

Die Spieltage der freien Szene sind am besten dem „Frankfuter Stadtboten“ zu entnehmen

Schließlich findet sich im Stadtzentrum seit Ende der siebziger Jahre das Kabarett „DIE ODERHÄHNE“. Sein Domizil ist ein rekonstruiertes gotisches Kellergewölbe in der Forststraße. Der gotische Eingangsbogen zum Hof der Anlage ist Kennzeichen. Der Dramaturg und Schauspieler **Alfons Linnhofer** gründete das Ensemble als Bestandteil des „Kleist-Theaters“. Später ausgegliedert, war es ein staatlicher Betrieb, der jetzt eine GmbH geworden ist. In der Regel wird täglich gespielt. Eigene Produktionen wechseln mit Produktionen anderer Herkunft, was die Programmlage betrifft. Eine Gaststätte ermöglicht längeren Aufenthalt im historischen Gewölbe. Vorraum und Treppenaufgang sind mit Holzbildern des Frankfurter Malers **Hans Joachim Weidner** geschmückt. Weidner hat komische und bedrückende Episoden der Frankfurter Geschichte verarbeitet. Die Plastizität seiner Werke anläßlich eines Besuches zu erleben, bildet im Grunde ein zweites Programm im Kabarett-Keller.

*Das Karl-Liebknecht-Gymnasium in der Wieckestraße ist die Heimat des Schülertheaters*

Die Aufführungsstätten von „THEATER DES LACHENS“ (Ziegelstraße nahe Flußhafen), „SPÄTLESE“ (Haus der Künste„ St.Spiritus“, Lindenstraße), der zweiten Spielstätte des Kleist-Theaters, des „THEATERS IM BAHNHOF“ (Bahnhofsvorplatz), in dem kleine Inszenierungen gegeben werden, ebenso des Kabertts „DIE ODERHÄHNE“ (Forststraße) kann man bequem zu Fuß erreichen.

Spielpläne der professionellen Theater und des Kabaretts finden sich auch im Kultur- und Veranstaltungskalender des Kulturamtes „FREIZEIT“.

# Dichtergang und Dichters Gang

Einer der Frankfurter Wege wird Poetensteig genannt. Das mag auf das „artistische Element" an der alten Viadrina zurückgehen, jene Studienrichtungen, in denen alte Sprachen und das Dichten, das Schreiben eine Rolle spielten, vor allem aber die wissenschaftliche Auseinandersetzung in Wort und Schrift, in Rededuell und Gegenschrift, die in lateinischer Sprache geführt wurde. Davon ist Frankfurt mehr als nur berührt worden. Ausgerüstet mit einem, wie wir heute sagen, konservativen Lehrkörper, Anhängern der Scholastik, ging der Streit in der Frühzeit der Universität um eine wissenschaftliche Öffnung der Welt, um ein neues Weltbild, um das die Vertreter des Humanismus leidenschaftlich rangen. Wenige Jahre nach der Frankfurter Universitätsgründung begann die geistige Bewegung um eine Erneuerung des christlichen Glaubens. Luthers Thesenanschlag hatte Folgen für den Universitätsbetrieb, in den der Ablaßhändler **Johannes Tetzel** (1465-1519), nach Frankfurt gerufen, einbezogen war.

*Der Poetensteig*

Hört und liest einer vom Poetensteig, mag er an Minne und Tanderadei denken, an Gelegenheitsgedichte, die man in jungen Jahren eben kiloweise schreibt. Dem ist ganz sicher so nicht gewesen.

Viele Dichter haben Frankfurt nur berührt. Sie sind dagewesen und wieder gegangen wie der Spötter **Joachim Ringelnatz** (1883-1934), der vom „Frankfurt an der Entweder" sprach. Der Holzbildmaler **Joachim Weidner** hat den Dichter beim Schreiben dieses Textes festgehalten. Sein Dichterbild stand zur Dekoration im Straßenfenster eines Caféhauses in der Scharrnstraße. Leider ist es im Augenblick nicht zu sehen.

Auch **Theodor Fontane** (1819-1898) hat Frankfurt berührt. In den sechziger Jahren des vergangenen Jahrhunderts bestieg er am Bollwerk ein Lastschiff nach Stettin. Seine Eindrücke sind in den „Wanderungen durch die Mark" nachzulesen. An **Lessings** (1729-

1781) Aufenthalt erinnerten wir während unseres theatralischen Ganges.

In der Nähe Frankfurts, jetzt auf polnischer Seite gelegen, eine knappe Autostunde entfernt, errichteten die Nazis das erste Konzentrationslager. Es hieß Sonnenburg (Slupsk). Der Herausgeber der „Weltbühne" und Publizist **Carl von Ossietzky** (1889-1936) war dort gefangen, bevor ihn in einem zweiten Konzentrationslager, Papenburg-Esterwegen, am 23.11.1936 der Friedensnobelpreis erreichte.

Wir wollen uns jenen widmen, die einige Zeit blieben, welche die Stadt möglicherweise liebten oder an ihr litten. Chronologisch beginnen wir mit **Ulrich von Hutten** (1488-1523), der am 14. September 1506, im Gründungsjahr der Universität, das Baccalaureatenexamen ablegte. Er ist im ältesten Dekanatsbuch der philosophischen Fakultät verzeichnet. Sein „Lob der Mark Brandenburg" gilt als Begleitgedicht für die Einweihungsfeierlichkeiten. Huttens Weggang von Frankfurt ist der Tatsache geschuldet, als er einem dem Humanismus verpflichteten Lehrer nach Leipzig folgte. Im Frühjahr 1509 ist er nochmals in Frankfurt gewesen, um nach Greifswald weiterzuziehen. Im Streit mit dem dortigen Bürgermeister **Wedeg Lötz** entsteht später die Schrift „Querelen gegen die Lötze", die 1510 in Frankfurt zum Druck befördert wird.

*Andreas Musculus*

Die größte Buchhandlung der Stadt, sie befindet sich in den Passagen des Oderturmes Karl-Marx-Straße, Ecke Logenstraße, ist nach dem Dichter des Humanismus seit Jahrzehnten benannt.

**Andreas Musculus** (1514-1581) ist Auslöser und Begründer einer Literatur, die unter dem Namen Teufelsbücher in die deutsche Geistesgeschichte eingezogen ist. Musculus, dem es die ungeschminkte Polemik **Luthers** und dessen rauhe Gemütsart angetan hatten, selbst sprachbegabt, wurde nach seiner Promotion zum Doktor der Theologie in Frankfurt Oberpfarrer an der Marienkirche und Professor der Theologie an der Alma mater Viadrina. Der Typologie praktischer Lebensweisheiten folgend, nahm er den rethorischen und literarischen Kampf über Kanzel und Buch mit den Unsitten der Zeit auf, die allesamt vom Teufel stammen. In Folge erschienen, vom Druckhaus Eichorn betreut, mit einer Titelgrafik versehen, der „Hosenteufel", der „Fluchteufel“ und der „Eheteufel“. Am Beispiel der drei Schriften, die ein wesentliches Sittenbild des 16. Jahrhunderts für Deutschland liefern, erlebt der interessierte und geduldige Leser, der vor dem frühen Deutsch nicht erschreckt, eine kräftige, bis zum groben Schimpf reichende Sprache, die mehr als nur an Luther erinnert. Im Zusammenhang mit einem Spaß der Studenten, die in der Marienkirche Puppen gegenüber der Klanzel aufstellten, welche in der Mode der Landsknechte gekleidet waren, prunkvoll, gebauscht und geschlitzt, sprach Musculus von einer Sünde gegen die deutsche Nation. Prunksucht und Kleiderpracht und gesteigerte Hoffart machten Deutschland arm und elend, meinte er.

In den Matrikeln der Frankfurter Universität findet sich für das Jahr 1618 der Name **Martin Opitz** (1597-1639). Der aus Schlesien stammende Dichter beförderte in Frankfurt seine Sonette zum Druck. Bekannt wurde er durch seine „Trostgedichte in Widerwärtigkeit des Krieges“, der Dreißigjährige Krieg tobte über die Zeit seines Dichterlebens hinweg, und besonders durch „Aristachus oder Über die Verachtung der deutschen Sprache“. Als einer der Gründer der „Fruchtbringenden Gesellschaft“ setzte er sich für die Reinhaltung der deutschen Sprache ein. Vom Kaiser zum Dichterfürsten erhoben, schuf er 1624 das „Buch von der deutschen Poeterei“, das die Ergebnisse der europäischen Poetiken auf die deutsche Dichtkunst übertrug und mit Beispielen Hinweise für die deutsche Dichtkunst gab. Das Buch erwies sich als unverzichtbar für die deutsche Literaturentwicklung. Opitz wurde Historiograph des polnischen Königshauses und starb in Danzig.

*Grabmahl Ewald von Kleists*

Während Opitz, Musculus und Hutten in der Stadt ihre Straßenbenennungen haben, ist das dem Dichter der Aufklärung **Ewald von Kleist** (1715-1759) noch nicht widerfahren. Sein Grabmal steht auf dem ehemaligen Friedhof vor dem Gubener Tore, in unmittelbarer Nähe des Hauses der Künste, dem Grabmal für die Familie **Darjes** benachbart. Kleist war Major in preußischen Diensten. In der für Friedrich II. verlustreichen Schlacht bei Kunersdorf, vor den Toren Frankfurts, wurde er beim Sturm auf die von den Russen verteidigte Höhe 45,2 schwer verwundet, mehrmals von Kosaken beraubt und in die Wohnung des Universitätsprofessors **Nicolai** in der Großen Oderstraße gebracht. Dort verstarb er an Wundbrand. Mit einer Amputation seines zerschmetterten Beines hätte er nach Aussagen des Universitätschirurgus Krünitz gerettet werden können.

Kleist war als Odendichter europaweit bekannt. In seiner „Ode an die preußische Armee“ noch hatte er gesungen „Der Tod fürs Vaterland ist ewiger/ Verehrung wert! - Wie gern sterb ich/ Ihn auch, wenn mein Verhängnis ruft.“ In späteren Jahren sprach er die ungeheuerlichen Worte vom „gekrönten Pöbel“ und „gekrönten Henkern“. „Die Schrecknisse des Krieges“, die ihm bekannt waren, veränderten seine Haltung zur Wirklichkeit. Er war mit **Lessing** (1729-1781) befreundet und soll, wird kolportiert, das Urbild des Major von Tellheim in des Dichters Lustspiel „Minna von Barnhelm“ sein.

Der Verstorbene wurde unter großer Anteilnahme der Bevölkerung, der Studenten und Professoren, in Anwesenheit des russischen Stadtkommandanten, die Russen hatten die Stadt besetzt, zu Grabe getragen. Ein russischer Offizier lieh seinen Degen. In den Beigaben befinden sich Gedichte von Mitgliedern der Frankfurter Loge „Vom aufrichtigen Herzen“. Ein Herr Meyer schrieb „Kleist würde, wenn er gelebt hätte, ein großer General geworden sein.“ Da ist der Laiendichter sicher fehl gegangen. Lessings Freund, der Dichter **Ludwig Gleim** (1719-1803), schrieb in einem Brief an ihn: „Ich glaube, er hat sterben wollen.“

1778 gelangte das vom Potsdamer Bildhauer **Kambley** geschaffene Sandsteinmonument per Oderschiff in Frankfurt an. 1996 ist es restauriert worden.

*Heinrich von Kleist*

**Heinrich von Kleist** (1777-1811) gilt als der bedeutendste Sohn der Stadt. 1799/1800 war er Student an der Viadrina. Seinem Leben und seinem Werk ist mit der Tätigkeit der „KLEIST-FORSCHUNGS- UND GEDENKSTÄTTE“ in der Faberstraße, in der Nähe der Oder gelegen, ein lebendiges Denkmal gesetzt. Kleist scheiterte an den geistigen und praktischen Zuständen seiner Zeit. Sein Selbstmord am Wannsee ist Beleg dafür. Dramatik und Novellenwerk, beides ragt aus dem Schaffen heraus, stellen ein literarisches Erbe dar, das bis in unsere Zeit wirkt. Dichter von Rang aus Vergangenheit und Gegenwart sind von Kleist angezogen worden. Die Auseinandersetzung mit seiner literarischen Hinterlassenschaft scheint ungebrochen. Ungebrochen ist auch die bildkünstlerische Rezeption seines Werkes in Gestalt der

*Kleist-Forschungs- und Gedenkstätte in der Faberstraße*

Illustrationskunst, der Malerei und der Bildhauerei. Mehrere Plastiken von **Wieland Förster** sind mit ausdrücklichem Kleist-Bezug entstanden.

Das kleine Haus in der Faberstraße, ein Barockbau von Stadtbaumeister **Knoblauch**, als Garnisonschule aufgeführt, beherbergt eine gediegene Bibliothek zu Forschungszwecken. Veranstaltungsreihen und die jährlichen Kleist-Tage im Herbst weisen auf eine außerordentliche Aktivität des Hauses. Haus und Fördervereine stützen die Herausgabe von Publikationsreihen, darunter der BUNTBÜCHER, die literarische und Kunstvorgänge um Kleist betreffen, aber auch weit darüber hinausgehen. Konzerte und Lesungen sowie Führungen, auch pädagogische Arbeit mit Kindern, sind angesagt.

Eine der Frankfurter Schulen trägt den Namen Heinrich von Kleist. Im Park nahe der Getraudenkirche bzw. dem Haus der Künste aufgestellt, findet sich ein Kleist-Denkmal, das 1910 eingeweiht wurde. Es stammt von **Gottlieb Elster**.

Auch der spätromantische Erzähler **Franz von Gaudy** (1800-1840) wurde in Frankfurt (Oder) geboren. Das sich unter dem literarischen Einfluß **Jean Pauls** (1763-1825) bildende Talent Gaudy wird zu jener Generation der deutschen Dichter gezählt, die den Vormärz, jene Zeiten vor der Revolution von 1848, geistig prägten.

Gaudy war Mitherausgeber des in Berlin erscheinenden „Deutschen Musenalmanach". Seine Freundschaft zu **Adalbert von Chamisso** (1781-1838) führte zu gemeinsamen Reisen. Interessant ist seine Nähe zu dem polnischen Nationaldichter **Adam Mickiewicz** (1798-1855).

Der Erzähler, Lyriker und Dramatiker **Ernst von Wildenbruch** (1845-1909) weilte einige Jahre in der Stadt. Der für seine Verehrung der Hohenzollerndynastie bekannte Jurist im Staatsdienst, in Beirut geboren, hinterließ u.a. sehr lebendig geschriebene Erzählungen, die noch im Bewußtsein der Leser sind wie etwa „Kindertränen". Seine Dramen hingegen werden nicht mehr gespielt.

Mit dem Frankfurter Friedrich-Gymnasium in der Gubener Straße sind zwei bedeutende deutsche Schriftstellernamen verbunden. Es handelt sich um **Gottfried Benn** und **Klabund**, das ist Alfred Henschke. Beide legten, um vier Jahre zeitversetzt, in Frankfurt (Oder) ihr Abitur ab. Benn gehört zu den herausragenden literarischen Erscheinungen unseres Jahrhunderts. Seine Freundschaft mit Klabund jedoch datiert erst aus dem Jahre 1914. Beide begegneten sich in München. Beide Dichter hinterließen ein umfängliches literarisches Werk in allen Genres. Klabund trat auch als Nachdichter hervor, u.a. aus dem Chinesischen.

Besonders er erinnerte sich mit Sarkasmus an seine Frankfurter Schulzeit. 1923 schrieb er: *„Hier bin ich in die Schule gegangen, das heißt in einen roten Kasten, eine Art Pionierkaserne, wo wir gedrillt wurden, eiserne Brücken ins Nichts zu schlagen. Wie unglücklich ist man mit fünfzehn Jahren. Ich möchte nicht noch einmal fünfzehn sein. Die selige Jugendzeit gehört auch zu dem sentimentalen Requisitenschwindel, mit dem der Mensch sich zu umgeben liebt. Ein ganzer Mensch, und darum glücklich, ist das Kind, ehe es in die Hände berufener Pädagogen fällt. Glücklich, ein ganzer Mensch, kann auch wieder der Mann sein. Aber der Fünfzehnjährige, nicht Fleisch, nicht Fisch, von Religionslehrern zu Pensionsmädchen, von der Iphigenie in die Tuchmachergasse taumelnd, ohne gehen gelernt zu haben, sich mit Flugversuchen abplagend: was will er, was kann er, was bedeutet er?"*

Die Gubener Straße, in der sich das Friedrich-Gymnasium mit jener Gestalt erhebt, wie es Benn und Klabund kennenlernten, ist als Verlängerung der Karl-Marx-Straße anzusehen. In der Gubener Straße 31 a wohnten Klabund und Benn in der gleichen Schülerpension Leonhardt im Zeitabstand von vier Jahren.

*Stadtbibliothek*

Ebenfalls in der Stadt lebte zwei

Jahrzehnte der Erzähler **Kaspar Germann** (1914-1985). Besonders bekannt wurde er mit seinem Roman über das Leben von August Bebel „Der Weg aus den Kasematten".

Gerhardt Gröschke

Einige Jahre lebte und arbeitete der Erzähler und Filmbuchschreiber **Hans Weber** (1937-1987) in Frankfurt. Zu seinen bedeutendsten Leistungen zählen der Roman „Bin ich Moses?" und der Fernsehmehrteiler „Einzug ins Paradies", der im Fernsehen der DDR mehrere Jahre auf Eis lag und erst nach dem Tode Webers gesendet wurde. Der Autor gehörte zu den bekanntesten Autoren der DDR, die für Jugendliche schrieben. In einer Selbstaussage bekannte er 1986: *„Mich fasziniert ... der wunderbare Vorgang, wie ein Mensch aufwächst. Wie Menschen erwachsen werden. Und was das ist: erwachsen."*

Der Dramatiker **Gerhardt Gröschke** (1948-1995) arbeitete viele Jahre als Dramaturg am Kleist-Theater. Bis auf eine Ausnahme war das Kleist-Theater jene Bühne, die seine Stücke zur Uraufführung brachte, darunter „Herrmann oder Einesteils Vernunft" und „Die Brüder". Gröschke leitete nach 1990 das Jugendfreizeitzentrum MIKADO in der Franz-Mehring-Straße und gab ihm ein neues Arbeitsprofil.

Neben mehreren Buchhandlungen in fast allen Stadtteilen, dem Kleist-Haus, dem Stadtarchiv, ist die Stadtbibliothek in der Bischofstraße, dem gotischen Rat-hausbau gegenüber gelegen, wichtigste Literatur-stätte. Es handelt sich um eine moderne Biblio-thekseinrichtung mit einem bedeutenden Bestand an Regionalica. Die 1996 eröffnete Uni-versitätsbibliothek ergänzt, wie bereits beim Universitätsgang angemerkt, die hervorragenden Möglichkeiten, die die Stadt Literaturfreunden und Bildungsbemühten bietet.

In Frankfurt ansässig ist das Deutsch-Polnische Literaturbüro, eine Vereinigung deutscher und polnischer Literaten. Das Büro betreibt in der Lindenstraße 6, Haus der Künste „St.Spiritus", ein Antiquariat. Es gibt zwei Publikationsreihen heraus, die zweisprachige Kultur- und Literaturzeitschrift „Die Fähre/Prom" und die Wissenschaftspublikation „Frankfurter Blätter". „Die Fähre/Prom" wird als gemeinsames Unternehmen westpolnischer und Brandenburger Autoren ediert. Die „Frankfurter Blätter" enthalten wissenschaftliche Beiträge internationaler Symposien zur Kinder- und Jugendliteratur Deutschlands, Polens und Osteuro-

*Vor dem Haus der Künste „St.Spiritus“*

pas. Innerhalb dieser Edition gibt es Hefte mit Textbeiträgen junger Autoren und mit Texten für Kinder in deutscher und polnischer Sprache. Dem Büro angegliedert ist eine Interessengemeinschaft junger Autorinnen und Autoren. Das Deutsch-Polnische Literaturbüro ist Mitiniator der Deutsch-Polnischen Poetendampfer. Erstmals 1995 schipperte ein solcher Dampfer von Frankfurt bis Stettin. An Bord befanden sich deutsche und polnische Schriftsteller.

Die Frankfurter Literaturszene ist außerordentlich vielseitig. Veranstaltungshinweise sind dem Veranstaltungsheft des Kulturamtes FREIZEIT zu entnehmen.

# Architektonischer Gang

Kommt der Besucher über die BAB 12 nach Frankfurt, fällt der Stadtteil Neu-Beresinchen ins Auge. Der Name ist jung. Er bildete sich im Zusammenhang mit der Konzipierung eines neuen Stadtteils für rund 20 000 Einwohner in den siebziger Jahren heraus. Vermutlich gab der ehemalige Stadtarchitekt **Dr. Manfred Vogler** dem Viertel diesen Namen. Die Einförmigkeit industrieller Plattenbauweise ist durch den Versuch, in geschickter Art das zerfurchte Baugelände auszunutzen, dadurch ein wenig aufgehoben worden. Baumbestände wurden einbezogen, Hauszeichen, darunter überlebensgroße Figuren aus Polyester, bunt bemalt, lockern farbliche Eintönigkeit. Die Figuren stammen von der Malerin **Erika Stürmer-Alex**.

Gelangt der Besucher mit dem Zug nach Frankfurt, so läuft er die Bahnhofstraße hinunter. Markanter Blickpunkt ist die in rotem Backstein aufgeführte Katholische Kirche in der Verlängerung der Bahnhofstraße, der Franz-Mehring-Straße. Zu Beginn der fünfziger Jahre war die Bahnhofstraße die erste Neubaustelle der Stadt. Nach Entwürfen des Architekten **Prof. Herrmann Henselmann** (1905-1995) entstanden in Anlehnung an die Märkische Bauweise mit Klinkern Wohnhäuser mit interessanten Schmuckelementen aus Klinkern und schmiedeeisernen Gittern. Henselmann konzipierte in Ostberlin die Stalinallee, heute wieder Frankfurter Allee.

Im April/Mai 1945 war die Innenstadt zu etwa 83 Prozent zerstört. Fast alle historischen Gebäude, besonders der Markt, fielen Bränden zum Opfer. Erst nach 1989 kam die Wahrheit darüber ans Licht. Die Stadt, von den Nazis zur Festung erklärt, verweigerte unter Oberst **Busse** die Kapitulation. Bis auf ca. 500 Menschen waren alle Einwohner evakuiert. Nach der Eroberung durch die ROTE ARMEE am 23.April 1945 steckten zurückflutende, in Deutschland zur Arbeit gezwungene „Ostarbeiter", die Stadt in Brand. Plünderungen, das Hochgehen von in Häusern lagernder Munition taten übriges. Es war niemand da, der löschen konnte. Die ausgebrannten Ruinen wurden später gesprengt. In der Aufbauphase kam es zu veränderten Straßenführungen im Stadtzentrum. Die genaueren Vorgänge sind am Beispiel von Tagebuchblättern seit einigen Jahren dokumentiert. Der 1995 erschienene Band „Wir waren damals 19. 50 Jahre nach dem 8. Mai 1945 in und um Frankfurt (Oder)" enthält Zeitzeugnisse, die dieses schlimme Kapitel der Stadtgeschichte aufhellen.

Die Stadt verfügt über bedeutende Bauwerke der norddeutschen Backsteingotik. An erster Stelle ist das RATHAUS zu nennen. Sein Baubeginn fällt ins späte 13. Jahrhundert. Wir sehen auf einen langgestreckten Backsteinbau von zwei Geschossen über einem

*Rathaus, vom Turm der Marienkirche aus gesehen*

Kellergeschoß, versehen mit einem hohen Satteldach und reichen Schaugiebeln. Im Ratskeller, einer urigen Gaststätte, finden sich frühgotische Kreuzrippengewölbe. Die großen Maßwerkrosetten an der Südseite heben die Bedeutung des Baues als Stadtrepräsentation hervor. Zu Beginn des 17. Jahrhunderts gab es wesentliche Veränderungen im Sinne der Renaissance durch den Baumeister **Thaddäus Paglion**. Auf dem Giebel der Nordseite erhebt sich ein rechteckiger Turm mit einem achteckigen Laternenaufsatz. Der westliche Anbau mit Renaissancegiebel stammt ebenfalls aus dieser Zeit.

Restaurierungen geschahen zwischen 1906 und 1913 sowie bereits zu Beginn der fünfziger Jahre, als die Siebenhundertjahrfeier Frankfurts anstand. Zwischen 1911 und 1913 kam es durch den Architekten **Fritz Beyer** zu einem Erweiterungsbau, der sich organisch in das Bauensemble einpaßt.

Der Betrachter erkennt über einem der Pfeiler, die das Rathaus in der Eingangssituation krönen, einen Fisch. Vielfach als Zeichen der Hanse gedeutet, ist er wohl auf die Bedeutung des Heringshandels im Hochmittelalter zurückzuführen.

Im RATSKELLER sind mehrere Holzbilder von **Hans Joachim Weidner** plaziert. Die großformatigen Bilder erzählen auch mit Hilfe von Moritaten (Schöpfer ist **Jürgen Barber**) Episoden aus der Frankfurter Stadtgeschichte.

Der historische Rathausbau ist seit Jahrzehnten Hauptausstellungsraum des Museums Junge Kunst.

Die ehemalige Hauptpfarrkirche der Stadt St.Marien gehört zu den größten kirchlichen Profanbauten Mitteldeutschlands. Man könnte von ihrer Mächtigkeit meinen, sie sei als Bischofkirche ausgelegt. 1945 ausgebrannt, war sie über 25 Jahre lang Ruine, kaum begehbar. Unter Leitung von Oberbürgermeister **Fritz Krause** begannen in den siebziger Jahren umfangreiche Sicherungsarbeiten, und es begann die Restauration.

*St.Marien*

Inzwischen ist die gesamte Kirche eingedeckt, wesentliche Teile sind hergestellt. Sakristei und Märtyrerchor sind Konzert- und Ausstellungsstätte. Im Kirchenschiff finden Theateraufführungen und große Konzerte statt. Im Kern handelt es sich um eine frühgotische dreischiffige Hallenkirche des späten 13. und frühen 14. Jahrhunderts. Nach Mitte des 14. Jahrhunderts wurde sie mit dem langgestreckten Hallenumgangschor erweitert. In dieser Zeit entstand auch das nördliche Seitenschiff mit der Segnungspforte. Deren Sandsteinportal weist eine Besonderheit auf, die mit dem Landesherren, dem Luxemburger **Karl IV.** (1316-1378), zu tun hat. Nach einer Periode der Unbotmäßigkeit unterwarf sich die Stadt dem Landesherren, der die Askanier als Markgraf abgelöst hatte. Das Nordportal, nach ungesicherten Erkenntnissen aus der Schule **Peter Parlers** (1330 od. 33 - 1399) stammend, jenes Baumeisters, der unter Karl IV. maßgeblich Altstadt, Kleinseite und den Veitsdom in Karls Hauptstadt Prag prägte. Die Besonderheit existiert in Gestalt dreier

*Der Reichsadler, der böhmische Löwe und der Brandenburger Adler im Nordportal von St. Marien*

Wappen im Relief, des Brandenburger Adlers, des böhmischen Löwen und des Reichsadlers. In Karls Zeit fällt die Ausstattung der Kirche mit einem sechseckigen Taufbecken des Meisters **Arnoldus** (1376). Der umfängliche Reliefschmuck des Beckens zeigt in übereinanderliegenden Zonen, in vertikalen Streifen, zweiundvierzig Szenen aus dem Alten und Neuen Testament. Der monumentale siebenarmige Leuchter ist von ungewöhnlicher Schönheit. Er besteht aus vergoldeter Bronze. Nach Jesaja handelt es sich bei den sieben Armen um die sieben Gaben des Geistes. Vier Wappenschildchen mit dem märkischen Adler lassen auf die Landesherrlichkeit einer Stiftung schließen. Auffällig ist die ungewöhnlliche Größe des auf das Jahr 1375 von Experten datierten Leuchters: 4,10 x 4,70 Meter.

Von besonderem Interesse ist der Hochaltar. Zwei Flügelpaare mit 16 Gemälden gestalten den Altar zu einem der größten in Norddeutschland. Die dargestellten Szenen aus dem Marienleben entsprechen nicht den neutestamentarischen Lukas-Erzählungen. Vielmehr gehen sie auf die Offenbarungen der Heiligen Brigitta von Schweden zurück. Der geöffnete Schrein zeigt die historischen Bezüge zur Oderlandschaft. Die als Himmelskönigin dargestellte Maria steht zwischen den Patronen des Bistums Lebus, dem Heiligen Adalbart und der Heiligen Hedwig. Deren einer nackter Fuß schaut unter dem Rocksaum hervor, während sie die Schuhe unterm Arm trägt.

Taufbecker, Leuchter, Altarbilder und Schrein haben ihre Unterkunft in der Gertraudenkirche, Lindenstraße, gefunden. Die Kirchenfenster von St.Marien befinden sich nach sicheren Recherchen in der Ermitage von St.Petersburg und warten auf ihre Rückführung nach Frankfurt (Oder). Bei der Gertraudenkirche handelt es sich um einen Bau von 1873 in Backstein. Er wurde nach Plänen des Stadtbaurates **Christ** errichtet.

*Dorfkirche in Kliestow*

Über die der Gotik zuzurechnenden Bauten der Franziskanerklosterkirche, heute Konzerthalle, und die Nikolaikirche sprachen wir anläßlich unseres Konzertganges.

*Der Oderspeicher*

Die dominante Katholische Pfarrkirche in historisierender gotischer Form enstand 1897/98 nach Plänen von **Engelbert Seiberts**.

Neben den mittelalterlichen Dorfkirchen in den Ortsteilen Booßen, Güldendorf, Lichtenberg und der Dorfkirche von Lossow, einem Putzbau aus der Mitte des 18. Jahrhunderts, ist die Kliestower Dorfkirche hervorzuheben. Dem rechteckigen Feldsteinbau ist ein quadratischer Westturm vorgebaut worden, dessen unterer Teil verputzt und dessen oberer Teil aus Backsteinen besteht. Die Sonderheit des Turmes bilden zwei sich durchdringende Satteldächer mit Voluntengiebeln in reichen Renaissanceformen. Der Turm wurde 1997 restauriert.

Wie bereits beim Universitätsgang beschrieben, beherbergt das sogenannte Junkerhaus in der Carl-Philipp-Emanuel-Bach-Straße das Museum Viadrina. Mehrmals umgebaut war es Quartier adliger Studenten, der Söhne des Kurfürsten, später Professorenwohnhaus, wieder später Steuer- und Zollamt. Das Haus trägt Krüppelwalmdächer. Man betritt es durch das nachträglich eingefügte Portal des Universitätsgebäudes. In den Räumen finden sich Stuckdecken von großer Schönheit, die zwischen 1683 und 1690 von den oberitalienischen Stukkatueren **Bellon**, **Simonetti** und **Tornelli** angefertigt wurden. Im ersten Obergeschoß findet sich eine barocke Kaminverkleidung, im zweiten ein klasszistischer Ofen.

Am Oderufer steht der einzige unverputzte Backstein-Fachwerkbau des ehemaligen Hafengeländes. Ein Oderspeicher ist zur Gaststätte umgebaut. Es handelt sich um einen Klinkerbau unmittelbar am Oderufer.

1777/78 führte Stadtbaumeister **Friedrich Knoblauch** im Auftrage **Leopolds von Braunschweig** die Garnisonschule auf, die heute das Kleist-Museum beherbergt. Prinz Leopold finanzierte diesen Bau für die Waisen der Soldatenväter des Siebenjährigen Krieges. Er kümmerte sich um Lehrpläne, Lernmethoden und Lehrer. Sein segensreiches Eingreifen in die Stadtgeschichte wurde durch das Oderhochwasser von 1785 beendet. Leopold ertrank beim Versuch, Bewohnern der Dammvorstadt Hilfe zu bringen. Er war der einzige Tote des Hochwassers. Durch **Bernhard Rode** (1725-1797), Akademiedirektor in Berlin, wurde ihm 1787 am jenseitigen Oderufer ein Denkmal gesetzt. Es ist verschollen.

Von **Friedrich Knoblauch** stammen das Hauptgebäude des Hauses der Künste „St. Spiritus“ in der Lindenstraße, das Türmchenhaus in der gleichen Straße, das für den Universitätsprofessor **Hartmann** erbaut wurde, ein spätbarocker Bau in der nahen Fischerstraße 6 sowie das bereits besprochene Wohnhaus der Familie **Sauer** in der Faul-Feldner-Straße.

*Im Jugendstil, Eckhaus Rudolf-Breitscheid-Straße 13*

In der Straße Halbe Stadt finden sich markante Beispiele für spätklassizistische Wohnbauten. Ein Eckhaus in der Rudolf-Breitscheid-Straße, die Nummer 13, und eine ganze Häuserzeile in der Kleiststraße sind dem Jugendstil verpflichtet. In Sonderheit die Villa in der Rudolf-Breitscheid-Straße trägt reiches Jugendstildekor.

In der Stadt fallen in verschiedenen Vierteln Wohnsiedlungen einheitlichen Charakters auf. So zum Beispiel hinter der Gertraudenkirche, südlich der August-Bebel-Straße und in Paulinenau. Die ein- und zweigeschossigen Wohnanlagen, sind als aufgelockerte Gartenstädte gedacht. Die Bebauung im sogenannten HEIMATSTIL stammt im Entwurf von **Martin Kießling**. Die Siedlungen wurden für Mitarbeiter, Beamte und Angestellte, der Reichsbahndirektion Ost gebaut, welche nach dem Entscheid des Versailler Friedens von 1918/19 den Sitz Posen (Poznan) verlassen mußte.

Die sachlichen Bauauffassungen des BAUHAUSES schlagen sich in einigen öffentlichen Gebäuden der Stadt nieder. So in der Puschkinstraße 7-9 mit der 1930 erbauten Baugewerkschule, die Schulgebäude geblieben ist, und mit den Bauten der bis 1941 bestehenden Pädagogischen Akademie, Friedrich-Ebert-Straße 51-52. Der dreigeschossige Putzbau ohne Wandgliederung war bis zum Frühjahr 1990 Sitz der SED-Bezirksleitung. Der Gebäudekomplex wird heute als Oberstufenzentrum genutzt.

Am Rande der Stadt gelegen, im Tal der Klinge, dem schmalen Oderzufluß, findet sich in einer Stadtrandsiedlung, nahe Gronenfelde, ein ab 1914 aufgeführter Kirchenbau. Er ist in Holzblockbauweise errichtet worden von russischen Kriegsgefangenen. Er beeindruckt durch seine Sachlichkeit. Bis 1918 diente er den russischen Kriegsgefangenen für Gottesdienste. Das Haus steht unter Denkmalsschutz.

*Holzkirche in Gronenfelde*

Auf dem Scheitelpunkt der zur Stadtbrücke nach Slubice führenden Rosa-Luxemburg-Straße fällt das Gebäude des Gymnasiums „Karl Liebknecht" auf. Sein Eingang befindet sich in der Wieckestraße. Der mit einer reichen Sandsteingliederung versehene Schulbau wurde als Wilhelm-Gymnasium errichtet. An der Schule wurde das erste bilinguale deutsch-polnische Sprachenprojekt des Landes Brandenburg eingerichtet. Es existieren gemischte deutsch-polni-

*Aus der Gründerzeit, die Hauptpost im Zentrum der Stadt*

sche Klassen. In seiner Aula befand sich bis 1945 die einzige Kopie des von **Anton von Werner** (1843-1915) - der Maler wurde in Frankfurt (Oder) geboren - geschaffenen Bildes von der Kaiserproklamation in Spiegelsaal des Schlosses Versailes.

Auffällig sind ebenso zahlreiche Wohnhäuser mit spätklassizistischem Stuckdekor in der Karl-Liebknecht-Straße, der Leipziger Straße und der Gubener Straße. Deren Rekonstruktion begann in den achtziger Jahren und ist noch nicht abgeschlossen. Ebenfalls dem HISTORISMUS verpflichtet ist - wie bereits erwähnt - der 1905 entstandene Bau des Hauptgebäudes der heutigen Europauniversität Viadrina.

Als besonders sinnfälliges Beispiel für die Bauperiode GRÜNDERZEIT fällt die Frankfurter Hauptpost an der Ecke Logenstraße/Lindenstraße ins Auge. Es hat damit stadtbildende Bedeutung, steht es doch an exponierter Stelle. Wie der Außenbau ist auch das Innere von gediegener Detailausführung. Vor der Hauptpost steht ein Gedenkstein für den Reichspostmeister **Heinrich von Stephan** (1831-1897). Das in Anlehnung an die märkische Backsteinbautraditionn zwischen 1898 und 1902 erreichtete Gebäude ist vermutlich auf seinen Einfluß zurückzuführen. Stephan war in Frankfurt einige Zeit leitender Postbeamter.

*Das ehemalige Marienbad*

Empfehlenswert ist ein Besuch des Viertels Altberesinchen um die Dresdner Straße und den Leipziger Platz. Das wiederbelebte Wohn- und Geschäftsviertel war nach 1990 das erste Sanierungsgebiet der Stadt. Es ist zu einem großen Teil rekonstruiert und schmückt sich in leuchtenden Farben. Geschäfte und Gaststätten von großer Originalität kennzeichnen das Viertel. Besonders das Ensemble Königs Fritze sticht ins Auge. Im letzten Drittel der Dresdner Straße hin zur Leipziger Straße fällt ein Ensemble auf, in das eine Gaststätte und ein Frisör gezogen sind. Es handelt sich um das ehemalige Marienbad, ein Volksbad für die einfachen Leute des Areals aus der GRÜNDERZEIT. Komplettiert wird das Viertel durch Ergänzungsbauten Dresdner Straße/Ecke Tunnelstraße.

*Im Zentrum Altberesinchens, der Leipziger Platz*

Das Zentrum des Viertels ist der Leipziger Platz. An dominanter Stelle befindet sich das in rotem Backstein aufgeführte Gebäude der Pestalozzi-Schule. Der Leipziger Platz ist neu gestaltet. Es finden dort Wochenmärkte statt. Beliebt sind die Feste im Viertel. Eine Interessengemeinschaft kümmert sich um deren Durchführung. Der offene Charakter dieser Ereignisse und die Tatsache, daß die Organisatoren auf Familienbesuch setzen, gibt den Festen durch den Auftritt von Musikern und Gauklern eine besondere Note. Auch in den wiedererstandenen Höfen und Durchgängen finden kleine kulturelle Veranstaltungen statt. Zwei Kunstgalerien, eine Weinhandlung und ein Terassencafé in einem Geschäftshaus vervollständigen das Bild.

Der Name Beresinchen entstammt nicht der deutschen Sprache. Er geht auf ein slawisches Gemeinwort zurück, welches sich im Polnischen, Russischen und auch Sorbischen findet und BIRKE bedeutet, BIRKENWÄLDCHEN. Das Stadtviertel ist ebenfalls durch Straßenbahn erschlossen. Man erreicht es mit der Straßenbahnlinie, die nach Neuberesinchen führt. Auch die Busse zweier Linien führen nach Altberesinchen. Vom Bahnhof aus ist es durch den Tunnel in fünf Minuten zu erreichen. Verläßt man den Eisenbahntunnel, so befindet sich auf der linken Seite das kleine Gebäude des Stadtfernsehens. Altberesinchen ist das bisher urbanste Viertel Frankfurts.

# Jüdischer Gang

Der führt fast ins Leere. In Frankfurt (Oder) existiert keine jüdische Gemeinde mehr. Das hat mit der Naziherrschaft zu tun und dem vorbedachten Plan, jüdisches Leben in Europa auszulöschen.

Jüdisches Leben ist in Frankfurt seit dem Jahre 1294 nachweisbar. Angehörige der kleinen Gemeinde wurden während der Progrome von 1491/92 in der Mark getötet oder vertrieben. Um 1500 aber hat es bereits wieder eine Jüdische Gemeinde gegeben. An der Stelle, die die erste Synagoge Frankfurts trug, wurde später das Universitätsgebäude errichtet. 1561 gibt es an anderer Stelle eine neue Synagoge. Die letzte Synagoge stand in der Wollenweberstraße als Haus Nummer 20. Ihr Haupteingang aber befand sich in der Richtstraße. Die in Folge des Krieges zerstörte Innenstadt erhielt in den späten fünfziger Jahren zum Teil neue Straßenführungen. An Stelle der Synagoge erhob sich jahrelang das 1992 abgetragene Hotel „Stadt Frankfurt". Am 9. November 1988 wurde vor dem Hotel ein Gedenkstein für den Standort der Synagoge durch den Oberbürgermeister Fritz Krause und in Anwesenheit des letzten Rabbiners **Curtis Cassell**, der in Großbritanien lebt, eingeweiht. Gedenkstein und ein metallenes Hinweiszeichen wurden zum 9. November 1994 in den gegenüberliegenden Straßenteil der Karl-Marx-Straße, zwischen Oderturm und „Brunnencafé", bei einer Gedenkveranstaltung eingelassen. An der Veranstaltung nahmen der Vorsitzende des Zentralrats der Juden in Deutschland, Ignaz Bubis, und Brandenburgs Ministerpräsident Dr. Manfred Stolpe teil.

Der Friedhof der jüdischen Gemeinde befand sich auf der Dammvorstadt. Dort, an der Gabelung der Reppen-Posener und der Crossen-Breslauer Straße, erhob er sich auf einem Hanggelände seit 1399. Von ihm ist nichts geblieben. An jener Stelle steht jetzt in Slubice ein Hotel.

*Gedenkstein und -platte neben dem Oderturm*

Während der Zeit der Aufklärung wurden Dank der Toleranz erstmals jüdische Studenten an der Viadrina zugelassen. Erstmals konnte dort ein jüdischer Mitbürger promovieren. Der Senior der Brüderunität in Großpolen und Berliner

Hofprediger, der spätere Akademiepräsident **Daniel Ernst Jablonski** (Lebensdaten unbekannt), richtete in der Zeit von 1715 bis 1721 erstmals in Deutschland eine hebräische Druckerei für die Universitätszwecke ein. Jablonski war das Haupt der Frankfurter Orientalistik. In der Druckerei wurde, und das geschah auch erstmals in Deutschland, der Talmud gedruckt.

Der 9. November 1938 verlief in Frankfurt nach dem gleichen Szenarium wie in anderen deutschen Städten. Geschäfte wurden geplündert, Scheiben eingeschlagen, Synogogen angebrannt und beraubt, Menschen wurden gedemütigt, geschlagen und verschleppt. In dieser Nacht wurde auch der Brand in die Frankfurter Synagoge gelegt Man hatte die Orgelpfeifen, die aus Blei waren, sogar beschlagnahmt. Monate später gelang Rabbi **Cassell** die Ausreise nach Großbritannien. Seine Erinnerungen hat er in dem bereits zitierten Band „Wir waren damals 19" niedergelegt. Über die Tage nach dem 9. November 1938 berichtet er: *„Bei einem weiteren Verhör bat ich die Gestapo ... um eine Bescheinigung, da ich auswandern wollte und diese Bescheinigung für die Behörden benötige. ... Mir wurde aufgetragen, weiterhin Gottesdienst zu halten, denn es sollte so aussehen, als wäre weiter nichts geschehen. Ich tat es auch und richtete für die Schüler, die noch in Frankfurt verblieben waren und aus den allgemeinen Schulen hinausgeworfen waren, eine Schule ein. Immer wieder baten mich die Frauen der in den KZ eingekerkerten Männer, bei der Gestapo für sie vorzusprechen. Es hatte wenig Erfolg."*

Einige ehemalige jüdische Mitbürger haben ihre Erinnerungen an Frankfurt (Oder) zu Papier gebracht. Zu ihnen gehört **Ada Brodsky**, die als Ada Neumark in Frankfurt geboren worden ist. Mit einem jüdischen Kindertransport gelangte sie 1938 nach Palästina. In der Reihe „Frankfurter Notate", Nr.2, ist ihr Büchlein „Nach Hause vertrieben" im Frankfurter Kunstverein erschienen. Sie beschreibt aus ihrer Erinnerung die schulischen Zustände, wie sie Kinder jüdischer Familien in den vom Nazitum zerfressenen Schulen erlebten. Sie schreibt: *„Bei weitem schwerer, als wir in der Kleistschule, hatten es unsere Brüder im Friedrichsgymnasium. Von einem Tag zum anderen waren die jüdischen Schüler von ihren bisherigen Freunden völlig isoliert; wenn man zu ihnen sprach, dann nur um sie zu beschimpfen, zu verspotten oder zu bedrohen. Auch nicht einem der plötzlich zu Feinden gewordenen Mitschüler - oder auch Lehrern - wäre es eingefallen, den oder jenen von ihnen zur Seite zu nehmen und zu ihm zu sagen: „Mach dir nichts aus der ganzen Nazi-Propaganda; für uns bist du derselbe, der du immer warst." Auch wer nicht mitschrie „Juda verrecke!" gab sein Einverständnis durch passives Schweigen zu verstehen."*

Aus Frankfurt stammen mehrere Mediziner jüdischer Herkunft, die Medizingeschichte geschrieben haben. Zu ihnen gehört unbedingt **Professor Albert Fraenkel** (1848-1921), der ab 1890 Direktor der Inneren Abteilung des Krankenhauses am Urban in Berlin war. Ihm gelang die Züchtung des Diplococcus pneumoniae, des Fraenkel-Weichselbaumschen Bazillus, der gegen großflächige Lungenlappenentzündungen eingesetzt wurde.

Der Humanmediziner **Jakob Samuel Löwenstein** (1803-1868), der sich in Frankfurt als Humanmediziner niederließ, arbeitete die Geschichte der Medizinischen Wissenschaften an der alten Viadrina auf. Seine „Beiträge zur Geschichte der Medizinischen Fakultät an der Hochschule zu Frankfurt a.O." gehören zu den bedeutenden Forschungsleistungen, auf die sich heute Medizinhistoriker stützen.

In Frankfurt wurde der Deutschamerikaner **Konrad Wachsmann** (1901-1980) geboren. Wachsmanns Eltern waren Besitzer der Adler-Apotheke in der Bischofstraße 15. Der Architekt gehört zu den Revolutionären der Architekturgeschichte. Sein Name wird zusammen mit dem seiner Freunde **Gropius**, **Le Corbusier**, **Mies van der Rohe** und **Max Bill** genannt. Er war der Architekt des bekannten Einstein-Hauses in Caputh bei Potsdam und gilt als wichtiger Pionier des industriellen Bauens. Wachsmann wurde in Frankfurt beigesetzt. Es besteht vielleicht die Möglichkeit, sein umfangreiches und außerordentlich wertvolles Archiv in der Stadt unterzubringen und zu pflegen. Der Journalist und Schriftsteller **Michael Grüning** hat das Leben des Architekten aufgezeichnet und 1988 unter dem Titel „Der Wachsmann-Report" veröffentlicht.

*Herrmann (Menachem) Gerson*

Eine der interessantesten Persönlichkeiten jüdischen Geisteslebens in Frankfurt (Oder) ist **Herrmann (Menachem) Gerson** (1908-1989). Gerson war einer der Initiatoren der jüdisch-deutschen Wanderbundvereinigung der „Kameraden/Werkleute". Beeinflußt von dem Religions- und Sozialphilosophen **Martin Buber** (1878-1965), stieß er bald in die Spitze dieses Bundes vor, nahm federführend an den komplizierten Klärungsprozessen, die auf die Identität der jüdischen Mitglieder zielte, teil und beeinflußte diese maßgeblich. Gerson studierte in Berlin Jura, Philosophie und Psychologie und promovierte. Im Laufe der Auseinandersetzungen um die

Selbstbestimmtheit jüdischen Lebens in Deutschland erstrebten die „Werkleute“ die Herausbildung eines unverwechselbaren jüdischen Menschentyps an. Sie gelangten damit in die Nähe des von **Theodor Herzl** (1860-1904) begründeten Zionismus. Gerson betrieb nach dem Hitlerputsch die Ansiedlung der Gruppen in Palästina und gründete nach intensiver Vorbereitungszeit den Kibbuz HASOREA (Der Sähmann).

Über seine Frankfurter Schülerzeit schreibt er im Zusammenhang mit der Entwicklung im Deutschland der zwanziger Jahre, Inflation und dem Mord an **Walter Rathenau** (1922): *„Seit damals habe ich über Sozialismus gelesen und in meinen Schulaufsätzen eine sozialistische Haltung zum Ausdruck gebracht, die im (Friedrichs-) Gymnasium von den meist nationalistischen Lehrern nicht gerade gern gesehen wurde.“* Im FRANKFURTER JAHRBUCH 1996/97 ist eine umfangreiche Arbeit über Gerson und andere Mitglieder der „Werkleute“ von **Friedrich Lotter** abgedruckt.

Die Geschichte und Geschichten jüdischer Mitbürger in Frankfurt (Oder) sind im wesentlichen erst nach 1989 Gegenstand gesteigerten öffentlichen Interesses geworden. Ein fast unbekanntes Kapitel der Stadtgeschichte ist umfassend aufzuarbeiten und ins Bewußtsein der Lebenden zu rücken. So ist zum Beispiel kaum bekannt, daß der SS-Massenmörder **Eichmann** von dem Mitarbeiter des Mossad **Zvi Aharoni** (früher Hermann Aromheim) dingfest gemacht wurde, der in Frankfurt (Oder) seine Jugendzeit verbrachte und am Friedrichsgymnasium Schüler war. Zahlreiche Schicksale jüdischer Mitbürger aber sind noch unbekannt. Die letzten jüdischen Mitbürger wurden 1942/1943 in die Vernichtungslager deportiert. Ihre Spuren haben sich dort verloren.

Seit 1997 leben etwa sechzig jüdische Zuwanderer aus Rußland und anderen Staaten der GUS in unserer Stadt. Hoffnung auf ein menschenwürdigeres Leben trieb sie aus ihrer Heimat. Der Entschluß zur Auswanderung fiel ihnen sehr schwer. Übereinstimmend sagen die neuen Bewohner unserer Stadt zum Leben in der ehemaligen Sowjetunion aus, *„daß Jude sein heißt, mit Einschränkungen zu leben.“* Die ersten Schritte für das kulturelle und religiöse Wirken einer jüdischen Gemeinde in Frankfurt sind getan. In der Nacht vom 1. zum 2. Oktober 1997 feierten die jüdischen Mitbürger ihr erstes jüdisches Neujahrsfest in der neuen Heimat.

# Von einigen aufrechten Gängen zwischen 1933 und 1945

In der Stadt erstarkte die NSDAP bis 1933 außerordentlich. Der Charakter der Stadt wurde durch die Tatsache bestimmt, daß sich in ihr mehr Behörden und Ämter als Produktionsbetriebe befanden. Am 31. Juli 1932 stimmten bei der Reichstagswahl von 45.628 zur Wahlurne Gegangenen 22.526 für die NSDAP. Das waren knapp 50 Prozent. Im Deutschen Reich betrug der Stimmenanteil der Nazipartei etwas mehr als 37 Prozent. Die SPD wurde von 11.305, die KPD von 5.014 und die Deutschnalionale Volkspartei von 3.667 Einwohnern gewählt. Fünf Monate später ging der Stimmenanteil der NSDAP auf 21.750 Stimmen zurück, die SPD erreichte 10.372, die KPD 6.030 und die Deutschnationale Volkspartei 5.292. Immer noch lag die NSDAP bei einem Stimmenanteil von 50 Prozent.

Eines der ersten Konzentrationslager errichteten die nazistischen Machthaber 1933 in Sonnenburg in der Nähe von Frankfurt (Oder). In einer guten halben Autostunde war es von der Stadt aus erreichbar. Bald etablierte sich in Frankfurt eine Gestapoleitstelle. Nach dem Reichstagsbrand füllten sich die Untersuchungsgefängnisse und provisorischen Lager zunächst mit jenen, die in Wort, Schrift oder Demonstration der Hitlerpartei und deren militärischen Gliederungen entgegengetreten waren. In Frankfurt waren das Kommunisten, Sozialdemokraten, Gewerkschafter, Angehörige aller sozialen Schichten, Juden. Sie gerieten nicht nur auf die Listen der faschistischen Straßenkämpfer, sondern auch unter deren Fäuste, unter deren Knüppel, vor deren Pistolenläufe. Neben zahlreichen Verletzten bei Angriffen auf die Versammlungen im Gewerkschaftshaus in der Wollenweberstraße, richtete sich der Haß besonders auch gegen liberale, die Demokratie der Weimarer Republik verteidigende Menschen wie Schulrektoren, unter ihnen der Rektor der Hutten-Schule **Max Matte**, der dem „Bund entschiedener Schulreformer" vorstand.

Die Friedrich-Ebert-Schule wurde zum Zentrum geistiger Auseinandersetzung mit der Naziideologie. Die dort gezeigte Ausstellung „Krieg dem Kriege" war ein ähnlicher Erfolg wie die Ausstellung von Grafiken aus dem Fundus von **Käthe Kollwitz** im Frankfurter Stadttheater. Die „Arbeitsgemeinschaft sozialdemokratischer Lehrer" wirkte in ähnlichem Sinne über die Stadt hinaus z.B. bei Tagungen im Frankfurter Landschulheim in Lagow.

Bereits in die Jahre vor dieser Zeit fällt die Auseinandersetzung um die inhaltliche Ausrichtung der Kleist-Gesellschaft, die ihren

Sitz in Frankfurt hatte. Anlaß war der 150. Geburtstag des Dichters **Heinrich von Kleist** 1927. Der Präsident der Dichterakademie **Wilhelm von Scholz** nutzte seinen Vortrag, um den Namen Kleists vor deutsch-nationalistischen Deutungen zu bewahren. Man wählte dann nach Scholz zunächst den Oberbürgermeister Frankfurts, **Dr. Kinne**, zum 1. Vorsitzenden der Gesellschaft, später den Bonner Wissenschaftler **Prof. Dr. Walzel**. Dessen Rücktritt wurde bald erzwungen, denn er war Jude.

*Max Hannemann*

Das erste Opfer der Nazis war ein Sozialdemokrat. **Walter Korsing**, Jahrgang 1905, Angehöriger der sozialdemokratischen Wehrorganisation „Reichsbanner", wurde nach dem Besuch einer Veranstaltung am 19. Juni 1933 auf offener Straße von SA-Leuten gekidnappt und schwer mißhandelt. Man fand ihn erschossen vor den Toren Frankfurts.

In dieser Zeit begann die Tätigkeit kommunistischer Widerstandsgruppen, deren größte jene um den Arbeiter **Max Hannemann** (1899-1945) war. Im Vorfeld war eine Gruppe um **Herbert Jensch** (1900-1944), Mitglied der KPD, zerschlagen worden. Ihre Angehörigen wurden in einem Hochverratsprozeß zu Zuchthaus verurteilt.

Hannemann organisierte rund 60 Männer und Frauen in und um Frankfurt. Es wurden Flugblätter gedruckt und erfolgreich verteilt. Durch Verrat flog die Gruppe auf. Neun Angehörige der Gruppe wurden verurteilt. Der Arbeiter Hannemann, in der Illegalität zum Organisationsleiter der KPD auf der Dammvorstadt in einem Lokal am Roßmarkt gewählt, entwickelte den Widerstand auf kluge Art und Weise. Die Aktionen der Gruppe zielten auf Öffentlichkeit. Sie machten auf das verbrecherische Wesen der neuen Macht aufmerksam. Hannemann wurde im Februar 1945 ermordet. Nach Verbüßung seiner Haftstrafe hatte er sich geweigert, die Wehrmachtsuniform anzuziehen. Er wurde ins Konzentrationslager Sachsenhausen eingeliefert. Dort verliert sich seine Spur.

In den sechziger und siebziger Jahren wurde Hannemann von der offziellen Geschichtsschreibung in Frankfurt (Oder) aus den Darstellungen entfernt. Er soll Verrat begangen haben. In diesem

Zusammenhang erhoben sich Nachgeborene oder Nichtbeteiligte, aus welchen Gründen auch immer, zum Richter über Widerständler. Solche Zusammenhänge sind noch fast unaufgearbeitet.

Während Korsings und Jenschs mit Straßennamen gedacht wird, ist dem Andenken Hannemanns noch kein Ort gewidmet.

Eine größere Gruppe des Kommunistischen Jugendverbandes organisierte ebenfalls den Widerstand in und um Frankfurt. Durch einen Provokateur an die Gestapo verraten, wurde die Gruppe ebenfalls bis 1934 zerschlagen.

Aus Frankfurt an der Oder verloren vierzehn Kämpfer gegen die Nazibarbarei ihr Leben.

Mit der Stadt ist neben dem Widerstand von Mitgliedern der Bekennenden Kirche und Christen anderer Konfession auch jener Widerstand verbunden, der aus der Wehrmacht selbst kam. Zumindest haben drei wesentliche Persönlichkeiten der Militäropposition in Frankfurter Garnisonen gedient bzw. haben sie militärische Funktionen bekleidet. Das sind der in Frankfurt geborene **Erich Hoepner** (1886-1944), der spätere Generaloberst **Ludwig Beck** (1880-1944) sowie der spätere Generalfeldmarschall **Erwin von Witzleben** (1881-1944).

*Generalfeldmarschall Erwin von Witzleben vor Hitlers „Volksgerichtshof“*

Generaloberst Hoepner war von 1923 bis 1927 Generalstabsoffzier in der 1. Kavalleriedivision, Beck Kommandeur der 1. Kavalleriedivison und Standortältester zwischen 1929 und 1931, von Witzleben befehligte zwischen 1931 und 1933 das 8. Infanterieregiment.

Der Weg dieser Offiziere vom korrekten Diener des Staates und vom auf Hitler vereidigten Militär bis zur Aktion gegen den Nazismus war dornenreich und kompliziert. Ihrer wird gedacht, wenn es zum Beispiel um die Folgen des Krieges für Frankfurt und seine Bewohner geht.

In der Stadt deuten viele Straßennamen auf den Widerstand gegen das Naziregimes hin. Dazu zählen Namen wie Graf **Schenk von Stauffenberg** (1907-1944 ) und **Robert Havemann** (1910-1982), dem - Ironie der Geschichte - 1997 in Frankfurt (Oder) vor einem Gericht Gerechtigkeit widerfuhr.

Havemann, Naturwissenschaftler und Philosoph, saß wegen seiner kommunistischen Überzeugung im Zuchthaus Brandenburg, in dem auch **Erich Honecker** (1912-1994) inhafttiert war. Der seiner Überzeugung von einem demokratischen Sozialismus treu gebliebene Robert Havemann wurde nach seinem Tode rehabilitiert.

Das gegen ihn ergangene DDR-Urteil wegen Devisenvergehens erwies sich als ferngesteuert, manipuliert. Havemann starb, während sein Haus abgeschirmt war, man jeden Besucher registrierte.

# Gang der Kriege durch die Stadt

Wer als Besucher nach Festungswerken sucht, wird sie nicht finden. Die Stadt war der Mauer bereits zu Beginn des 19. Jahrhunderts entwachsen. Auf mehreren Stichen von Meister **Merian** sind drei Stadttore auszumachen, eines nach Osten, eines nach Süden und eines nach Norden. Die Oder schützte die Ostseite der Stadt auf natürliche Weise, während ein Festungsgraben, Wälle und Mauern mit Wehrtürmen sie uneinnahmbar zu machen schienen. Die hölzerne Oderbrücke wurde durch eine Wehranlage am jenseitigen Ufer der Oder beschirmt.

Die Verteidigungsanlagen erwiesen sich als sicher. 1326 mußten sich die Bürger dem zwischen Papst und Kaiser ausgebrochenen Kämpfen stellen. Sie wiesen den Angriff des auf der Seite des Papstes stehenden Lebuser Bischofs ab und zerstörten dessen Dom in Göritz. Sie verteidigten sich 1348 erfolgreich gegen Kaiser Karl IV. Ursache des Krieges war der Streit um die Nachfolge für das ausgestorbene Geschlecht der Askanier als Markgrafen. Die Stadt wurde im Oktober des Jahres belagert. In ihren Mauern beherbergte sie den neuen Markgrafen Ludwig aus dem Hause der Wittelsbacher.

1432 wollten die Hussiten auf ihrem Zug nach Norden in die Stadt eindringen. Sie verwüsteten die Gubener Vorstadt und das Carthaus-Kloster, mußten aber vor der Gewalt der Mauern abziehen. 1450 belagerten Litauer, Polen und Preußen die Stadt. Sie wollten den freien Handel über die Oder in die Hand bekommen. Ein markgräfliches Heer schlug sie vor der Stadt. 1477 wollte

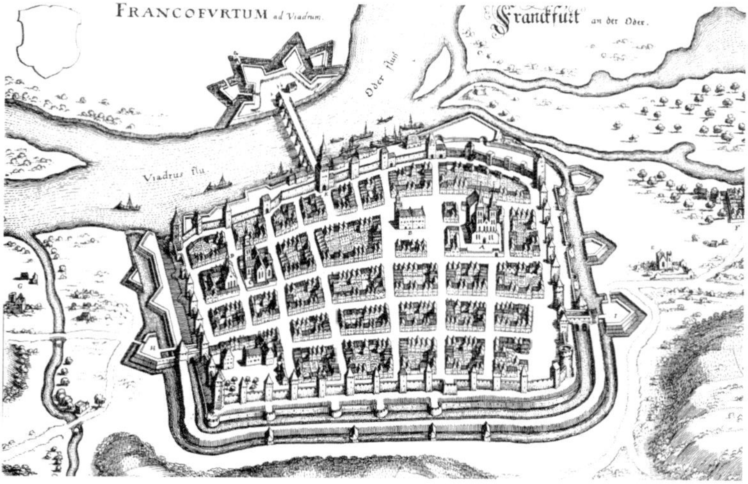


*Die Festung Frankfurt an der Oder auf einem Kupferstich von Merian 1636*

Herzog Hans von Sagan die Stadt einnehmen. Dammvorstadt und Oderbrücke brannte er nieder.

Die mißlungenen Eroberungsversuche festigten Frankfurts Ruf als uneinnehmbare Stadt. Dieser Ruf wurde mit dem Dreißigjährigen Krieg aufgehoben.

1626 eskortierten bewaffnete Frankfurter Bürger die Reste des bei Dessau geschlagenen Heeres des Grafen von Mansfeld durch die Straßen. Wallenstein hatte es vernichtet. 1627 besetzten Kaiserliche die Stadt. Der Kurfürst von Brandenburg war mit ihnen ein Zweckbündnis eingegangen. 1627 und 1628 weilte Wallenstein in der noch intakten und wenig gebeutelten Stadt. Dann wendete sich das Blatt. Am 3. April 1631 griff der Schwedenkönig Gustav Adolf die Festung an. In ihr befanden sich rund 6.000 kaiserliche Soldaten. Nach heftiger Beschiessung wurde die Stadt gestürmt. Die Schweden drangen zunächst durch eine Bresche am Gubener Tor ein. Gustav Adolf erlaubte seinen Soldaten eine zwölfstündige Plünderung. Bis 1644 wechselten Kaiserliche, Schweden, Brandenburger sich in der Besetzung der Stadt ab. Den Einwohnern war das egal. Es nahmen alle, es randalierten alle. Am Ende war die Bevölkerung ausgeplündert und dezimiert. Von 1 029 gezählten Häusern waren 272 bewohnbar. Kaum 2.000 Einwohner von ehemals 13.000 hatten überlebt.

*So sah Meister Merian 1631 die Kämpfe um das Gubener Tor im Süden Frankfurts*

Am 1. August 1759 besetzte die russische Armee unter General Saltykow kampflos die Stadt. Die kleine preußische Besatzung hatte sich, auch auf Bitten der Bürger hin, zurückziehen müssen. Die Kontributionen wogen schwer. Die Stadt versorgte die vielen Verwundeten aus der Schlacht bei Kunersdorf, die Friedrich II. gegen Russen und Österreicher am 12. August des Jahres verloren hatte.

Nachfolgend strebten die Österreicher in die Stadt. Sie gelangten nur bis zur Gubener Vorstadt. Bereits damals bezogen Kriege Geiselnahmen ein. So geschah es auch dem Frankfurter Bürgermeister. 1760 besetzte das russische Heer erneut die Stadt und erhob Kontributionen.

Im Jahre 1806 waren es die Soldaten Napoleons, die die Stadt drangsalierten. Das preußische Kontingent zog ab, brannte die

*1813 wird die hölzerne Frankfurter Stadtbrücke von Napoleonischen Soldaten abgebrannt. Das unsignierte Bild befindet sich im Museum Viadrina*

Oderbrücke nieder und ergab sich wenige Tage später in der Festung Küstrin den Franzosen.

Frankfurt war Hauptdurchgangsort, als sich Napoleon anschickte, Rußland zu erobern. Die Einwohner sahen die Reste seiner Großen Armee ebenfalls. Die Stadt war noch besetzt. Bürger und Franzosen kämpften um die intakte hölzerne Oderbrücke. Aufzeichnungen aus dieser Zeit belegen die Dramatik der Tage. Am 13. Februar 1813 hat jemand notiert: *„Kaum hatten die Franzosen die Brücktorstraße verlassen, so beeiferte sich alles, die brennende Brücke zu retten. Mehrere Spritzen waren schon früher in Bereitschaft gehalten; die Einwohner der Dammvorstadt eilten in Kähnen herbei und rissen mit Feuerhaken die Pechkränze und brennenden Holzstöße in die Oder."*

Aber die Franzosen kehrten nach zwei Tagen zurück. Der Chronist vermeldet: *„Zwanzig Tonnen Pech, trockenes Fichtenholz ... wurden von der Stadt unter heftigen Drohungen gefordert, auf die Brücke gebracht und nicht nur diese, sondern auch die Fähre und sämtliche Kähne in Brand gesteckt. ... In der Stadt herrscht ein stiller Ingrimm und eine tiefe Trauer."*

Die Kosaken sind den Franzosen auf den Fersen. *„Auf den Judenbergen zeigten sich am Nachmittage etwa zwölf Kosaken, die vom Turm aus durch einen Tubus sehr genau gesehen werden konnten."*

Es vergingen fast eineinhalb Jahrhunderte, bis Frankfurt ein noch schlimmeres Schichsal erlitt als zu Zeiten des Dreißigjährigen

*Die Reste der Stadtbrücke 1945*

Krieges. Die Oderbrücke ist vermint. Die Rote Armee steht im April 1945 vor den Toren der Stadt. Am 21. April 1945 wird der Kommandant der Festung Frankfurt zur Kapitulation aufgefordert. Der Ablehnung durch Oberst **Busse** folgen Artillerieangriffe und Sturm. Vorher ist die Brücke gesprengt worden.

1946 wird eine hölzerne Brücke über die Oder geschlagen als Ersatz für die steinerne Stadtbrücke. Autobahnübergang und Eisenbahnverbindung sind davor wiederhergestellt. Über die Brücken gelangen Vertriebene, Ausgesiedelte und entlassene Kriegsgefangene nach Frankfurt. Für die deutschen Kriegsgefangenen der Roten Armee ist Frankfurt nach der Entlassung die erste Anlaufstelle. Über zwei Millionen von ihnen passieren die Brücken. Das Auffanglager Gronenfelde hat alle registriert. In unzähligen Büchern, die die Gefangenenschicksale beschreiben, taucht Frankfurt als neue Grenzstadt Deutschlands auf. Der erste Anblick dieser Stadt hat viele Heimkehrer bis auf den Grund erschüttert. Ihr Zustand - das war der Zustand Deutschlands: Zerstörung, Hunger, Aussichtslosigkeit. Die Wunden, die der verbrecherische 2. Weltkrieg der Stadt geschlagen hat, sind noch heute erahnbar.

# Gänge durch Parks und Anlagen

Frankfurt (Oder) ist eine durch und duch grüne Stadt. Das ist vor allem jenen engagierten Bürgern zu verdanken, die Mitte des vergangenen Jahrhunderts trotz aller Schwierigkeiten praktischer, planerischer und fianzieller Art den Wegfall der Wälle und Wasswergräben, der Stadtmauer als Verteidigungsanlagen der Stadt mit einer weiträumigen Parkanlage kompensierten. Der Park nahm nach Recherchen zwischen 1833 und 1845 Gestalt an. Der Gartengestalter **Johann Peter Leneé** (1789-1866) half den Bürgern dabei. Der Leneépark, der sich parallel zur Karl-Marx-Straße fast tausend Meter hinzieht, gehört einschließlich der Hanglage zur Halben Stadt hin zu den bevorzugten Aufenthaltsorten.

*Lenneépark*

Beginnen wir den Gang im Grünen in der Nähe der Gertraudenkirche bereits, fallen neben den Grabmälern für **Ewald von Kleist** und die Famlie **Darjes** sowie das Denkmal für **Heinrich von Kleist**, die wir bereits nannten, die hohen Lindenbäume der Lindenstraße vor dem Haus der Künste auf. Der einstmals Kaiser-Wilhelm-Platz genannte Ort jenseits der Lindenstraße, mit einer Zeile alter Bürgerhäuser und einem Neubau besetzt, heißt Zehmeplatz, benannt nach dem Lehrer **Albrecht Zehme** (1828-1880), der Teilnehmer der revolutionären Märzkämpfe 1848 in Berlin gewesen ist.

*St.Georgen*

Haben wir den Leneépark durchschritten und die Straße Halbe Stadt überquert, befinden wir uns im Lienaupark. Benannt ist der Park nach **Michael Martin Lienau** (1857-1936), einem Archäologen, der der Stadt das erste Museum widmete. Leider sind Haus und Sammlung in der Straße Halbe Stadt im April 1945 zerstört worden. Im Park finden sich Gingkobäume, Geweihbäume sowie Burgundische Eichen. Im Lienau-Park befindet sich die Freilichtbühne. Sie ist in das Tal der Klinge, einem kleinen Zufluß zur Oder, eingebettet. Den schmalen Weg an der Klinge, den Spaziergänger gern benutzen, nennen die Frankfurter seit Alters her POETENSTEIG. Von ihm aus hat man einen ausgezeichneten Blick auf die fast völlig rekonstruierte Bergstraße, die das Hansaviertel begrenzt. Sehr gut fügt sich die am BAUHAUS orientierte Georgenkirche ein.

*Im Botanischen Garten*

Folgt der Spaziergänger dem Tal der Klinge, so stößt er auf den Botanischen Garten. Die Anlage enthält eine Reihe interessanter Plastiken.

Der Kleistpark, ein ehemaliger Friedhof vor den Toren der Stadt, wurde im Zusammenhang mit dem innerstädtischen Bauen der siebziger und achtziger Jahre, dem Schlagen einer Stadttangente für den Autobahnzugang von Nord nach Süden bzw. Westen etwa halbiert. Es gelang, alte Baumgruppen zu schützen. So sind die Wohnanlagen des Thomas-Müntzer-Hofes mit Bäumen bestanden. In einer der Nischen findet sich das Denkmal für den Schulreformer **Wilhelm Wiecke** (1801-1880), der 1848 Mitglied der Nationalversammlung in der Frankfurter Paulskirche wurde.

Mit der Straßenbahn erreicht man den Haupteingang des Frankfurter Zentralfriedhofs, Leipziger Straße. Seine gepflegten Anlagen enthalten Gedenksteine für die Toten des Krieges. **Konrad Wachsmann**, von dem wir während unseres Architektonischen Ganges sprachen, ist hier bestattet.

# Ein paar nachwendische Gänge

Für den fremden Besucher unsichtbar, haben sich wesentliche Veränderungen in der Stadt vollzogen. Das betrifft vor allem die Besinnung der Stadt auf ihre Traditionen. Schließlich war sie mehrere Jahrzehnte Mitglied der HANSE. Zumindest ist das ab 1336 anzunehmen. Das jetzt jährlich stattfindende Hansefest und die Tatsache, daß die Stadt eine Hansevertretung im historischen Bund hat, machen darauf aufmerksam. Botschafter der Stadt im Bund ist ihr Stadtarchivar. 1518 trat die Stadt aus dem Bund der Hanse aus.

Frankfurt war, wir sprachen darüber, eine der bedeutendsten deutschen Messestädte. Das war noch zu Beginn des vergangenen Jahrhunderts so. Aber die Messemacher reagierten zu spät auf das Phänomen der Branchenmessen, der Mustermessen. Das führte zum Niedergang des Messewesens in Frankfurt (Oder). Seit 1990 bemüht sich eine Messegesellschaft, an die alten Traditionen anzuknüpfen. Ein Durchbruch steht noch aus. Trotzdem sind die Voraussetzungen günstig. Frankfurt kann zu einer bedeutenden Drehscheibe des Ost-West-Handels werden und zwar wegen seiner verkehrstechnischen Anbindung an die West-Ost-Trassen von Straße und Schiene. Der Messhof in der Nähe der Großen Oderstraße erinnert an die reiche Messetradition. Die Messehöfe der Vergangenheit sind dem Krieg zum Opfer gefallen.

Wer über die B 87, von Beeskow kommend, in die Stadt einfährt, bemerkt im Ortsteil Markendorf ein großes Industrieareal. Dort produzierte zwischen Mitte der fünfziger und dem Beginn der neunziger Jahre das Halbleiterwerk. Es hatte etwa 8.000 Beschäftigte, darunter 600 polnische Facharbeiter. Von einem der Zentren der DDR-Halbleiterindustrie ist ein Rudiment geblieben.

Kaum bemerkte Veränderung ist auch der Wegfall des Status Bezirkshauptstadt für Frankfurt (Oder). Mit Potsdam und Cottbus, den zwei weiteren Bezirkshauptstädten auf dem Territorium der Mark, bildeten der Bezirksverwaltung nachfolgende Bezirksverwaltungsbehörden das Land Brandenburg.

Sichtbarste Veränderung aber ist der belebte Straßenübergang von Deutschland nach Polen, die STADTBRÜCKE. Und junge Menschen, die die Brücke als natürliche Verbindung eilig benutzen. Es sind polnische und deutsche Studenten, die die Studentenheime auf der polnischen Oderseite bewohnen. Die polnische Nachbarstadt Slubice, deren Bevölkerungszahl die der Dammvorstadt mit 17.000 erreicht hat, ist beliebtes Einkaufsziel, wie auch Frankfurt Ziel polnischer Käufer ist. Ein kleiner und ein großer Basar, der kleine in der Stadt, der große am Rande Richtung Zielona Gora (Grünberg) bzw. Poznan (Posen), ziehen die

*Die „Sieben Raben" neben dem Rathaus*

Käufer in Scharen an. Man erreicht den großen Basar in einer knapp halbstündigen Wanderung auf dem Oderdamm.

Slubice ist gleichzeitig Ausgangspunkt für Wanderungen, die an deutsche Geschichte erinnern. Das betrifft jene Gemarkung, auf der die Schlacht bei Kunersdorf im August 1759 stattgefunden hat. Das Dorf heißt polnisch Kunowice.

Im Stadtzentrum Frankfurts fällt der Zentrale Platz auf. Er befindet sich in der Neugestaltung. Am 11. November 1989 gestaltete sich auf ihm der Höhepunkt der größten Demonstration, die Frankfurt je gesehen hat. Rund 20.000 Menschen versammelten sich in Hansa-Nord zu einem gewaltigen Zug, um eine neue Zeit mit demokratischen Verhältnissen in der DDR einzufordern. Auf diesem Platz erklang bei schneidender Kälte auch erstmals der öffentliche Ruf nach einer zweiten Universitätsgründung.

Um die Marienkirche herum ist das MARIENECK entstanden. Gegenüber der Westseite des Rathauses erheben sich die SIEBEN

*Institut für Halbleiterphysik*

RABEN. Diese Bebauung soll an die historische Altstadtbebauung erinnern. In einem der Häuser aus kann man die freigelegten gotischen Kellergründungen besichtigen. Es handelt sich um die Kellergewölbe, die man durch die Blumenhandlung Butry hindurch erreicht.

Verschwunden sind aus dem Stadtbild Militärfahrzeuge. Frankfurt war Jahrhunderte Garnisonstadt. Nach der Befreiung von der Nazidiktatur waren hier in alten Kasernen der Reichswehr bzw. der Deutschen Wehrmacht bis zu 25.000 sowjetische Soldaten untergebracht. Die Kasernenhinterlassenschaft macht der Stadt Sorgen. Ein Teil erst ist zivilen Funktionen zugeführt, Landesämter und Universität nutzen die Gebäude. Für einen wesentlichen Teil fehlen noch die Nutzer.

Die Schließung von durch den Krieg entstandenen Baulücken und die Sanierung ganzer Straßenzüge haben in den letzten Jahren das Gesicht der Stadt farbenfroher werden lassen. Das betrifft vor allem die Rekonstruktion alter Häuser in der FISCHERSTRASSE, zu deren Anfang sich bis zur Walter-Korsing-Straße das Institut für Halbleiterphysik erhebt, einer der wichtigsten wissenschaftlichen Einrichtungen des Landes. Die unweit davon verlaufende GUBENER STRASSE mit Bürgerhäusern aus der GRÜNDERZEIT ist fast vollständig rekonstruiert. Das betrifft auch einige alte Villen im BUSCHMÜHLENWEG und Häuser in der LINDENSTRASSE. Diesen Teil der Stadt nennen die Frankfurter GUBENER VORSTADT.

*Der Oderturm*

In der BERGSTRASSE, gelegen am Rande der LEBUSER VORSTADT, sind ebenfalls Rekonstruktionsarbeiten für Bürgerhäuser zu erleben.

Schließlich präsentiert sich im Stadtzentrum das Bauensemble ODERTURM mit einer gefälligen Einkaufspassage wie das auch auf die LINDENPASSAGE zwischen GUBENER STRASSE und LINDENSTRASSE zutrifft.

Zugenommen hat das Angebot an Hotelbetten, einst ein Nadelöhr für bleibewillige Frankfurtbesucher.

Am Rande der Stadt, im Bereich der B 5 und B 167 hat sich als modernes Bauensemble das Spitzkrug-Multi-Center (SMC) etabliert. Die Kundenfreundlichkeit der Anlage lockt Tausende an.

# Erholsame Gänge am Tage und am Abend und zur Nacht

Bereits vor der gesellschaftlichen Wende in der DDR vom Herbst 1989 erfreute sich der HELENESEE großer Beliebtheit. Der geflutete Tagebau ist ein europaweit bekanntes Campingziel geworden. An freundlichen Tagen sind 20.000 Besucher keine Seltenheit. Wo hat das seinen Ausgang gehabt?

In den Moränenablagerungen und Sandergebieten des Urstromtales der Oder fanden sich reiche Braunkohleablagerungen. Vor allem im Norden Frankfurts begann man unter und über Tage mit dem Abbau. Wer hätte zu jener Zeit ahnen können, daß knapp 130 Jahre nach dem Beginn der Bergbauzeit eine Landschaft entstanden sein würde, die anziehend und von hohem landeskulturellen Wert vielen Menschen Erholung und Entspannung bietet. Besonders der Braunkohlentagebau in den ehemaligen Gruben KATJA und HELENE, 1958 eingestellt, kennzeichnet die Landschaft, die der Besucher heute vorfindet. Das Erholungsgebiet ist bequem mit dem Fahrrad, per Auto und Autobus, auch mit der Bahn zu erreichen. Der Katjasee nimmt eine Fläche von 25 Hektar, der Helenesee von 217 Hektar ein. Das Einwirken engagierter Naturschützer, planvolle Arbeit und die Selbsthilfe der Natur haben zu einer Rekultivierung geführt, die eine Unterschutzstellung schon vor Jahren nahelegte. Seit 1960 haben wir es mit einem Landschaftsschutzgebiet zu tun. Strände, die sich weit hinstrecken, Sozialeinrichtungen, Kulturstätten, Campingplätze, Bungalowsiedlungen sind entstanden. Die Erholungseinrichtung, die einst der Kommune Frankfurt gehörte, befindet sich in privatem Besitz.

*Blick von Südwesten auf den Helenesee, ganz in der Nähe der bekannte FKK-Strand*

Man kann Frankfurt in jede Richtung verlassen; in wenigen Minuten erreicht man Waldgelände. Es handelt sich weitgehend um Mischwälder, die zur Pilzpirsch einladen.

Tagsüber stehen dem Frankfurt-Besucher die Galerien der Stadt offen. Zur wichtigsten Kunststätte des Landes Brandenburg zählt das MUSEUM JUNGE KUNST. Die in der Rathaushalle untergebrachte Sammlung besteht zu weiten Teilen aus Gemälden und Grafiken, die Künstler aus der DDR geschaffen haben. In der Villa HAHN, Heilbronner Straße, das Haus ist mit Holzdecken und Holzverkleidungen im Jugendstil geschmückt und besitzt ein kleines Café, befindet sich die zweite Ausstellungsstätte des Museums.

Im Haus der Künste „St.Spiritus", Eingang Lindenstraße 4, befindet sich die GALERIE B, eine Ausstellungs- und Verkaufsgalerie des Frankfurter Kunstvereins. Sie fühlt sich u.a. dem deutsch-polnischen Kunstaustausch verpflichtet.

Die Lessingstraße Nummer 20 besitzt eine Kellergalerie, die Galerie KUNSTKELLER. Hier wechseln die Ausstellungen fast vierzehntägig. Lesungen und Minikonzerte gehören zum Ausstellungsangebot. Sie ist täglich ab 15 Uhr geöffnet.

In der Dresdner Straße die Galerie SCHMIDT, die Galerie des Malers Christoff NEUBAUER, ebenfalls in der Dresdner Straße, sowie die ATELIER-GALERIE im Frankfurter Stadtteil Rosengarten komplettieren das Angebot noch nicht. Weitere kleine Galerien sind in Einkaufspassagen im Entstehen.

In Slubice befindet sich in Brückennähe die gutgeführte GALERIA PROVINCJONALNA in der ul. 1. Maja.

Der Tag kann für Museumsbesuche genutzt werden. Wir verweisen auf die KLEIST-FORSCHUNGS- und GEDENKSTÄTTE in der Faberstraße und das MUSEUM VIADRINA in der Carl-Philipp-Emanuel-Bach-Straße. Neben dem Haupthaus, dem JUNKERHAUS, unterhält das Museum in der Potsdamer Straße 4 ein SCHULMUSEUM, das dienstags und donnerstags geöffnet ist, in der Collegienstraße 10, im Gebäude der MUSIK- und KUNSTSCHULE die GEDENK- und DOKUMENTATI-

*Die Villa Hahn beherbergt das Kabinett des Museums Junge Kunst*

*Im Junkerhaus an der Oderpromenade konnte 1997 das Museum Viadrina sein 40jähriges Bestehen feiern. Trotz Rekonstruktion präsentiert das Museum regelmäßig Ausstellungen.*

ONSSTÄTTE zu den Opfern der politischen Gewaltherrschaft. Es öffnet sich nach Vereinbarung. In der Collegienstraße 8 befindet sich die REKA-SAMMLUNG HISTORISCHER MUSIKINSTRUMENTE, deren Besuch ebenfalls nach Vereinbarung möglich ist.

Ein Gang zum Jugendfreizeithaus MIKADO (Franz-Mehring-Straße) lohnt sich in mehrfacher hinsicht. Zum einen beherbergt es das jüngste Museum der Stadt, ein SPIELZEUGMUSEUM mit Spielzeugen, von Kindern der Dritten Welt eigens für diesen Zweck eingerichtet. Die RAA Frankfurt (Oder) hat es mit seinem Leiter **Jürgen Maerz** vorbereitet. Geöffnet ist es für Gruppen nach Absprache, sonnabends von 11 bis 15 Uhr.

Das MIKADO beherbergt auch den WELTLADEN des Vereins Puorto Alegre. Er ist an Wochentagen nachmittags geöffnet.

Für Tages- und Abendbesucher steht das UFA-Filmtheater, Heilbronner Straße, zur Verfügung. Ein zweites Filmtheater ist am MARIENECK im entstehen. Filmangebote gibt es auch im Jugendfreizeithaus MIKADO, Franz-Mehring-Straße, und in der Universität. In SLUBICE befindet sich das städtische Filmtheater in unmittelbarer Grenznähe, ul. Robotniczej.

Das Theaterangebot hatten wir auf unserem theatralischen Gang berührt. Es sei hier nochmal auf die Spielstätten in der Gerhart-Hauptmann Straße (Kleist-Theater), auf das Theater im Bahnhof (Bahnhofsplatz), auf das Theater des Lachens (Ziegelstraße), das

Schattentheater, das Theater im Schuppen (Ziegelstraße) und das Kabarett Die Oderhähne (Forststraße) verwiesen.

Das Konzertangebot realisiert sich in erster Lienie in der Konzerthalle „Carl-Philipp-Emanuel-Bach“.

Ein Bummel am Abend kann an der Oderpromenade entlangführen. Hier trifft der Besucher in Odernähe auf urige Gaststätten und Cafés. Ein Vorabendgang kann ihn auf den Ziegenwerder führen, eine parkähnliche Anlage, die als Halbinsel in die Oder weist. Ein Wiesenweg führt parallel zur Oder entlang.

Von den Frankfurter Sportstätten sei die Oderlandhalle genannt. Die Sportarten Boxen, Judo, Ringen, Handball und der Radsport sowie das Sportschießen haben eine lange Tradition. Viele Welt- und Europameister und Olympiasieger haben in Frankfurt die Schule besucht, ihr Abitur abgelegt und trainiert. Bereits 1814 wurde auf Anregung von Turnvater **Jahn** (1778-1852) ein Turnplatz angelegt.

Der Boxsport in Frankfurt ist mit den Namen **Manfred Wolke**, **Henry Maske** und **Axel Schulz** eng verbunden. Bekannt ist das sogenannte WOLKE-CAMP in der Stadt.

Für den Radsport stehen die Namen **Dan Radke** und **Falk Boden**. Die Handballmannschaft der Frauen wurde 1997 Europapokalsieger.

*Galerie Kunstkeller in der Lessingstraße 20*

# Gänge außerhalb Frankfurts

Lossow - Neuzelle - das Schlaubetal

Die Oderlandschaft bei Frankfurt ist durch das Warschau-Berliner-Urstromtal geprägt. Will man sie südlich genauer erfahren, so bietet sich ein Besuch im Frankfurter Ortsteil LOSSOW an. Man erreicht es wandernd durch den Buschmühlenweg oder mit dem Auto über die B 112. Von besonderem Interesse dürfte der LOSSOWER BURGWALL sein. Die ehemals drei Hektar große befestigte Siedlung, die der Burgwall umschloß, wird der Göritzer Kultur zugeordnet. Das haben viele Ausgrabungen ergeben. Sie ist in der späten Bronzezeit und in der frühen Eisenzeit entstanden. Kennzeichnend für sie sind hohe Burgwälle, in diesem Falle handelt es sich um sechs Meter. Der wahrscheinlich überregional bedeutende Kultplatz wurde als Siedlungsort im 5. Jahrhundert v. Chr. verlassen.

Bei einer Wanderung gelangt man durch die Seufzerschlucht abwärts an den Strom. Im Hintergrund erhebt sich die STEILE WAND. Entschließt sich der Besucher, in der Nähe des Burgwalls zu bleiben, wird er an klaren Sichttagen mit einem Ausblick bis zum nördlich gelegenen REITWEINER SPORN oder bis zum südlich gelegenen EISENHÜTTENSTADT belohnt.

Durchqueren wir die vom Oderhochwasser im Sommer 1997 schwer betroffenen Gemeinden Brieskow-Finkenheerd und Wiesenau auf der B 112, durchfahren wir Eisenhüttenstadt auf der gleichen Straße, treffen wir auf die kleine Stadt NEUZELLE. Sie beherbergte bis vor kurzer Zeit ein katholisches Priesterseminar. Heute ist der Ort von der Tätigkeit der Stiftung Kloster Neuzelle mitgeprägt. Das 1268 im nordöstlichsten Teil der Niederlausitz durch den aus dem sächsischen Hause Wettin stammenden Markgrafen von Meißen **Heinrich der Erlauchte** (1216-1288) gestiftete Zisterzienserkloster führte zur Ausweitung des Kulturlandes. Es handelt sich um ein geschlossenes und relativ großes Stiftsgebiet. 1429 zerstörten die Hussiten die Klosteranlagen. Nach der Reformation blieb das Kloster als Einrichtung der Katholischen Kirche erhalten. Es wurde erst mit der Übernahme dieses Teils der Lausitz durch Preußen nach dem Wiener Kongreß 1814/15 säkularisiert.

Die ehemalige Klosterkirche ist als gotische Backsteinhallenkirche zwischen 1280 und 1330 aufgeführt worden. Sie enthält spätmanieristische Stuckdekorationen und Ausmalungen von großer Schönheit. In der ersten Hälfte des 18. Jahrhunderts kamen durch böhmische und vermutlich auch Wessobrunner Meister barocke Arbeiten hinzu: u. a. der Chor im Hochaltar, die St. Josephkapelle,

*Klosterkirche Neuzelle*

welche über eine außerordentlich reiche Ausstattung verfügt. Die katholische Klosterkirche, die eine große Gemäldesammlung ihr Eigen nennt - auch die Stiftsbibliothek besitzt überregionale Bedeutung - ist ein stark besuchter touristischer Anziehungsort. Die barocke Kirche gilt als bedeutender Sakralbau der Niederlausitz.

Nach dem Ende des 2. Weltkrieges wurde die Katholische Kirche Neuzelle Wallfahrtsort. Der Verlust wesentlicher Teile der Diözese Breslau durch die neue Grenzziehung nach dem Potsdamer Abkommen gebot eine solche Regelung.

In unmittelbarer Nähe befindet sich die KLOSTERBRAUEREI NEUZELLE. Sie wurde 1589 gegründet. Einer der Äbte des Klosters legte die Biertradition auf. Zwischen 1685 und 1695 wurden die Produktionsstätten neue aufgeführt. Die Brau- und Schankordnung von 1704 regelte den Bierverlag. Seit 1902 gibt es den gegenwärtigen Standort des Bierbrauens. In den Räumen des ehemaligen Klosters ist nahebei das Neuzeller Gymnasium untergebracht. Es verfolgt eine bilinguales Spachprojekt mit deutschen und polnischen Schülern.

Zur Brauerei gehört ein gastliches Haus, der Kloster-Bräu Ausschank. In den letzten Jahren ist die Brauerei durch ihre Auseinandersetzung um das Schwarzbier, das nicht Bier genannt werden darf, in die Schlagzeilen gekommen. Das Getränk wird als SCHWARZER ABT ausgeschenkt. Auf Neuzelle trifft zu, was sich in einem „Sprüchefäßchen“ nachlesen läßt:

„Was alte Braukunst einst vollbracht,
in Ehren sei daran gedacht.“

Als Tor zum SCHLAUBETAL gilt das kleine Städtchen MÜLLROSE. Im Haus des Gastes nahe dem Marktplatz findet der Tourist alle notwendigen Informationen. Der Müllroser See ist beliebtes Ausflugsziel. Das barocke Kirchengebäude ist begehbar.

Von Müllrose aus ins SCHLAUBETAL - das ermöglicht den Zugang zur Bremsdorfer Mühle, einer rustikalen Gaststätte, und über Wanderwege nach Kupferhammer, einem ebenfalls historischen Ort.

Das Schlaubetal ist ein wichtiges Naturschutzgebiet. Die kleinen Dörfer und Ortsteile verfügen über reizvolle Eigenheiten. In Kaisermühl z. B. findet sich eine Keramikwerkstatt. Sie produziert in der ehemaligen Wassermühle. Unweit der aufstrebenden Ortschaft Mixdorf kann die Ragower Mühle als technisches Bauwerk besichtigt werden. Bremsdorf verfügt über die bereits genannte Mühle, einen Fachwerkbau. Fünfeichen über seinen „Urwald", einer naturbelassenen Waldlandschaft. Treppeln hält einen Naturlehrpfad mit Naturschutzstation bereit. Chossewitz besitzt mit der „Klingemühle" eine hochdotierte Gaststätte mit Tagungsmöglichkeiten. Groß Lindow wartet mit einer alten Schleusenanlage auf. Möbiskruge bietet ein Bauernmuseum.

Das Schlaubetal ist mehr als nur einen Tagesaufenthalt wert. Für eine Tageswanderung, die entlang der Schlaube führt, sind die Mühlen wichtigster Bezugspunkt. Beginnt man sie in Müllrose am Großen Müllroser See, so trifft man zunächst auf die Ragoser Mühle, dann den Kupferhammer als ehemaligen Standort, das Örtchen Siehdichum, Treppeln, Bremsdorfer Mühle, Kieselwitzer Mühle, Schlaubemühle, mit einem Abstecher zur Klingemühle nach Chossewitz. Fast alle der genannten Orte verfügen über aus-

*Die Pontischen Hänge zwischen Frankfurt und Lebus. Am Horizont der Reitweiner Sporn, dahinter das Oderbruch.*

gezeichnete Gaststätten mit heimischer märkischer Küche. Daß die Mühlenreihung ihre Ursache in den ehemals auf Mühlenmechanik und Hammerwerke gestellte Produktionsweise mittels Wasserkraft hat, liegt auf der Hand. Dem nachzugehen in einer Wald- Seen- und Flußlandschaft, die reine Laubwälder und Mischwälder von beträchtlicher Dichte aufweist, führt zu einem hohen Naturerlebnis.

## Am Rande des Oderbruchs
## Lebus - Seelow - Küstrin - Neuhardenberg

Das Naturschutzgebiet PONTISCHE HÄNGE nördlich von Frankfurt erreicht man wandernd oder mit dem Rad oder mit dem Auto über die B 112 Richtung Lebus, Küstrin. Es ist der halbe Weg bis zum Städtchen Lebus. Einmalig ist die Schönheit der Hänge zu jeder Jahreszeit. Mit der Oder ist der Wanderer im Blickkontakt. Die Restlöcher der Frühjahrs- oder Winterhochwasser sind fischreich. Zu Beginn der Vegetationszeit tragen die Pontischen Hänge das gelbblühende Adonisröschen. Es gehört zu jenen Steppenrasenpflanzen, die sich während der trockenwarmen Nacheiszeit angesiedelt haben und die in den Steppenregionen am Schwarzen Meer auch zu finden sind.

*Adonisröschen*

Führt der Besucher seinen Weg nach Lebus weiter, so trifft er oberhalb der Stadt auf einen abgeplatteteten und teilweise bebauten Berg. Der trug im frühen und im Hochmittelalter eine slawische Burg. Zu Beginn des 9. Jahrhunderts war hier das politische und militärische Zentrum des westslawischen Landes Lubus. Bis zur Gründung Frankfurts wurde von hier aus der West-Ost-Handel kontrolliert. Die Stadt Lebus war Bischofsitz. 1373 ging der verloren. Von diesem Höhenrücken aus hat man eine der schönsten Aussichten auf die Oderlandschaft nach Norden und Süden.

Nur wenige Kilometer nördlich findet sich der REITWEINER SPORN. In der Nähe des Dorfes Reitwein überquerte Friedrich II. auf Potons die Oder, im August 1759, um die Schlacht bei KUNERSDORF zu schlagen und zu verlieren. Die Pontons retteten sein geschlagenes Heer beim Rückzug.

In dieser Gegend spielt **Fontanes** Roman „Vor dem Sturm“, der die Ereignisse vor den Befreiungskriegen gegen **Napoleon Bonaparte** (1769-1821) reflektiert.

Auf der Westseite des Sporns ließ der sowjetische Marschall **Shukow** (1896-1974) seinen Befehlsstand einrichten und kommandierte von dort aus im April 1945 den Sturm auf die SEELOWER HÖHEN.

Auf der B 167 von Lebus aus erreicht man das Zentrum des Landkreises Märkisch-Oderland, SEELOW. Kurz vor Seelow durchfährt man FRIEDERSDORF, das mit **Friedrich August von der Marwitz** (1777-1837) eng verbunden ist. Von der Marwitz hat seinen Lebenslauf als literarische Hinterlassenschaft weitergereicht. Sie ist u. a. im „Märkischen Dichtergarten“ des Berliner Aufbau-Verlages ediert. Einer seiner Nachfahren ist landwirtschaftlicher Wiedereinrichter. Restaurierte Dorfkirche und der KUNSTSPEICHER Friedersdorf laden zum Besuch.

Wählt man den Weg nach Seelow über Manschnow, also über die 167 und dann die B 1, die einst die älteste deutsche Reichsstraße war und von Aachen bis Königsberg führte, erreichen wir am Fuße der Seelower Höhen die GEDENKSTÄTTE SEELOWER HÖHEN.

Die Seelower Militäroperation der 1. Belorussischen Front gegen die Verteidigungsstellungen der 9. Armee der Deutschen Wehrmacht diente der Vorbereitung des Sturmes auf Berlin. Die stark befestigten Höhen - der sowjetische Angriff mußte über die flache Ebene des Bruchs vorgetragen werden - wurde am 16. April 1945 in der Frühe mit starker Artillerievorbereitung begon-

*Lebus, vom Burgberg gesehen*

nen. Panzerverbände und Infanterie griffen unter dem Licht zahlreicher Flakscheinwerfer an. Die Kämpfe forderten 12.000 deutsche und 33.000 sowjetische und polnische Opfer. Die Gedenkstätte dokumentiert mehrsprachig das Geschehen. Die als Antikriegsmuseum ausgewiesene Gedenkstätte arbeitet mit Filmen und DIAS in einer ständigen Ausstellung. Eine zeitgenössische Ausstellung sowjetischer Waffen, so des legandären T 54 und des Rakentenwerfers Katjuscha, soll durch eine deutsche komplettiert werden.

Den sowjetischen Friedhof krönt eine Figur des sowjetischen Bildhauers **Lew Kerbel**. Der deutsche Soldatenfriedhof befindet sich in unmittelbarer Nachbarschaft.

Ein kurzer Ausflug nach KÜSTRIN liegt wegen der großen Nähe auf der Hand. Man durchfährt das deutsche Küstrin-Kietz, quert die Grenze und hält sich danach rechts, wenn es um die Altstadt geht. Die Stadtverwaltung des polnischen Kostrzyn (Küstrin) hat das Freilegen der Altstadt, deren Züge gänzlich überwuchert waren, angeregt. Jetzt kann der Besucher die nach dem Siebenjährigen Krieg errichtete Stadtanlage über freigelegte Straßen begehen und sich mit Hilfe eines Planes, der allerdings nur in polnischer Sprache gehalten ist, an den erkennbaren Standorten von Kirche, Schloß und Festung orientieren und etwa erahnen, welche Sicht Kronprinz Friedrich gehabt haben kann, als er durch seinen Vater gezwungen war, der Hinrichtung seines Freunde **Katte** (1704-1730) beizuwohnen.

Eine der interessantesten Stätten in der Nähe Frankfurts, an der B 167 gelegen, ist NEUHARDENBERG. Der nach einem Brand durch den jungen Architekten **Karl Friedrich Schinkel** (1781-1841) mit einem Anger versehene neu errichtete Ort wurde durch den preußischen Staatskanzler Fürst **Karl August Hardenberg** (1750-1822) bekannt. Das fast vollständig restaurierte klassizistische Schloß, ist in den Besitz der Familie Hardenberg zurückkgekehrt. Der von **Leneé** und durch den Fürsten **Pückler von Muskau** (1785-1871), Schwiegersohn des Fürsten, in seiner Gestaltung stark beeinflußte Park, der in wesentlichen Teilen rekonstruiert ist, lohnt diesen Ausflug. Hinzu tritt eine kleine Gedenkstätte, die den Widerstandskampf von **Karl Hans von Hardenberg** (1891-1958), der zum Kreis von **Stauffenberg** gehörte, darstellt.

Auf der Rückreise nach Frankfurt kann es einen Halt in GUSOW geben. Das Schloß in Gusow beherbergt eine ständige Ausstellung zur Geschichte der Mark Brandenburg. Die reiche Zinnfigurensammlung stellt geschichtliche Begebenheiten dar. Gusow war seit Mitte des 17. Jahrhunderts Sitz des Generalfeldmarschalls von Kurbrandenburg **Georg von Derfflinger** (1606-1695), der die Schweden bei Fehrbellin schlug.

## Das Oderbruch

Die geschlossene Niederungslandschaft von etwa 90 000 Hektar ist in ihrer jetzigen Gestalt durch das kräftige Einwirken des Menschen geschaffen worden. Sie liegt zwischen zwei und fünf Meter über dem Meeresspiegel. Die 912 Kilometer lange Oder hat den Landstrich bis in die jüngste Zeit geprägt. In Dörfern und Einzelgehöften leben etwa 20.000 Menschen. Schutzdämme und Deiche, die bereits in früheren Jahrhunderten entstanden waren, suchten das Land zu schützen. Ein Gesamtplan wurde ab 1747 unter **Friedrich II.**, König von Preußen, in Angriff genommen. 1753 wurde die Verlegung des Stromes auf 20 Kilometer Länge vollendet. Die damit erreichte Verkürzung des Laufes, hob die Fließgeschwindigkeit des Wassers, fungierte über Vorfluter als Entwässerung und minderte die Überschwemmungsgefahr. Wie kompliziert menschliches Eingreifen ist und welche Folgen es zeitigt, bewies das Hochwasser im Juli/August 1997. Die Oderdämme drohten zu brechen.

Die Urbanisierung des Gebietes führt zu reichen und interessanten Siedlungs- und Bauformen. Neben Runddörfern, den Altdörfern, entstanden neue. Sie sind an der Vorsilbe NEU erkennbar. Fachwerkhäuser haben sich erhalten. Tür- und Laubengestaltungen sind zu besichtigen. Der Zuzug von Siedlern ab Mitte des 18. Jahrhunderts, sie kamen aus dem Salzburger Land, aus der französischen Schweiz, aus Polen und aus entfernten deutschen Landschaften, urbanisierte sich in 43 neuen Dörfern.

Man nähert sich dem Oderbruch über zwei Wege, auf der B 112 ab Lebus. Fährt der Besucher aus dem Dorf PODELZIG heraus und hat die Höhe, einen Rest der Endmoräne erreicht, so blickt er weit ins Odertal. Dort zu verharren, lohnt den Blick auf die Seelower Höhen. Ein ähnliches Erlebnis erwartet den Besucher, wählt er den Weg auf der B 167 bis Seelow. Wenige Kilometer hinter Seelow windet sich die Straße in die Ebene. Man hat GUSOW vor sich und einen Blick, den Fontane in seinen „Wanderungen durch die Mark" beschrieben hat.

Wir wählen nur einen Ort aus, der neugierig machen dürfte. Es handelt sich um KUNERSDORF bei Wriezen. Er ist mit den Adelsgeschlechtern **Lestwitz** und **Itzenplitz** verbunden. **Helene Charlotte von Lestwitz**, die sich später **Freifrau von Friedland** nannte, machte Kunersdorf zum Anziehungspunkt für die geistige Elite Preußens. Zu ihren ständigen Gästen zählten die Brüder **Humboldt**, der Ackerbau und Schafzucht revolutionierende **Albrecht Daniel Thaer** (1752-1828), Gründer der ersten landwirtschaftlichen Hochschule auf dem Kontinent im nahen Dörfchen

MÖGLIN unweit von Wriezen, Fürst **Hardenberg**, der preußische Staatsrechtler **von Savigny** (1779-1881), der Verleger **Friedrich Nicolai** (1733-1811), die Bildhauer **Christian Daniel Rauch** (1777-1857), **Gottfried Schadow** (1764-1850), **Christian Friedrich Tieck** (1776-1851) und der Dichter und Naturwissenschaftler **Adalbert von Chamisso** (1781-1838), der einige Kapitel seines berühmten Romans „Peter Schlemihl" in Kunersdorf schrieb.

Architektonisch interessant sind die Grabkolonaden auf dem Kunersdorfer Friedhof, die für die Angehörigen der Familie Lestwitz/Itzenplitz, die von bekannten Bildhauern der Zeit, unter ihnen Schadow, Thieck und Rauch, geschaffen worden sind. Die Kunersdorfer Szene hat wie auch das nicht mehr vorhandene Schloß und den von Leneé angelegten Park **Fontane** in seinen „Wanderungen ...", Band ODERLAND, ausführlich beschrieben.

# Wichtige Adressen

**Musik und Theater**

Kleist-Theater
Gerhart-Hauptmann-Straße 3-4
15234 Frankfurt (Oder)
Tel.: 4 14 10

TheaterBahnhof
Bahnhofsvorplatz
15230 Frankfurt (Oder)
Tel.: 41 41 141

Theater des Lachens
Ziegelstraße 26
15230 Frankfurt (Oder)
Tel.: 6 80 16 95

Theater im Schuppen
Ziegelstraße 26
15230 Frankfurt (Oder)
Tel.: 6 49 57

Kabarett Die Oderhähne
Forststraße 2
15230 Frankfurt (Oder)
Tel.: 2 37 23

Seniorentheater Spätlese
Lindenstraße 6
15230 Frankfurt (Oder)
Tel.: 32 62 84

Konzerthalle "Carl Philipp Emanuel Bach"
Collegienstraße 8
15230 Frankfurt (Oder)
Tel.: 6 80 27 04

Staatsorchester Frankfurt (Oder)
Collegienstraße 8
15230 Frankfurt (Oder)
Tel.: 6 80 27 26

Haus der Künste "St.Spiritus"
Lindenstraße 7
15230 Frankfurt (Oder)
Tel.: 2 23 93

**Museen und Ausstellungen**

Museum Viadrina
Carl-Philipp-Emanuel-Bach-Straße 11
15230 Frankfurt (Oder)
Tel.: 2 23 15

Schulmuseum
Potsdamer Straße 4
15230 Frankfurt (Oder)
Tel.: 2 23 15

Reka-Sammlung historischer Musikinstrumente
Collegienstraße 8
15230 Frankfurt (Oder)
Tel.: 6 80 27 04

Gedenkstätte „Opfer politischer Gewaltherrschaft"
Collegienstraße 10
15230 Frankfurt (Oder)
Tel.: 2 23 15

Spielzeugmuseum
Franz-Mehring-Straße 20
15230 Frankfurt (Oder)
Tel: 53 18 06

Kleist-Museum
Faberstraße 7
15230 Frankfurt (Oder)
Tel.: 53 11 55

Museum Junge Kunst
Marktplatz 1 (Rathaushalle)
15230 Frankfurt (Oder)
Tel.: 5 52 41 50

Kabinett Museum Junge Kunst
Heilbronner Straße 19
15230 Frankfurt (Oder)
Tel.: 53 58 67

Stadtarchiv
Collegienstraße 8
15230 Frankfurt (Oder)
Tel.: 6 80 30 04

Galerie B
Lindenstraße 4
15230 Frankfurt (Oder)
Tel.: 2 33 56

Schmidts Galerie
Dresdner Straße 28
15232 Frankfurt (Oder)
Tel.: 53 69 81

Kunstkeller
Lessingstraße 20
15230 Frankfurt (Oder)
Tel.: 2 30 50

Atelier-Galerie
Rosengarten Siedlerplatz 1
15234 Frankfurt (Oder)
Tel.: 4 00 12 62

Stadtbibliothek
Bischofstraße 17/18
15230 Frankfurt (Oder)
Tel. 54 98 52

**Bücher, Antiquariate und Antiquitäten**

Buchhandlung „Ulrich von Hutten"
Logenstraße 8
15230 Frankfurt (Oder)
Tel.: 2 35 53

Buchhandlung Matzat
Leipziger Straße 61
15236 Frankfurt (Oder)
Tel.: 54 21 26

Lukas-Buchhandlung
Franz-Mehring-Straße 4
15232 Frankfurt (Oder)
Tel.: 5 00 45 45

Buchhandlung Scholz u. Elsner
Birkenallee 22
15232 Frankfurt (Oder)
Tel.: 54 26 93

Antiquariat im Haus der Künste
„St.Spiritus"
Lindenstraße 6
15230 Frankfurt (Oder)
Tel.: 32 71 54

Antiquitäten und Edeltrödel
Fürstenberger Straße 32
15230 Frankfurt (Oder)
Tel.: 53 71 53

Antiquitäten
Lindenstraße 20
15230 Frankfurt (Oder)
Tel.: 53 70 89

**Szene und Szenen**

Kulturfabrik
Ziegelstraße 26
15230 Frankfurt (Oder)
Tel.: 6 85 13 59

Grotte Studentenclub
Lindenstraße 7
15230 Frankfurt (Oder)
Tel.: 32 61 18

Club am Berg, Irish Pub
Gubener Straße 20
15230 Frankfurt (Oder)
Tel.: 54 97 58

Rockit
Gubener Straße 20
15230 Frankfurt (Oder)
Tel.: 53 55 80

Pflaumenbaum
Am Holzmarkt
15230 Frankfurt (Oder)
Tel.: 53 07 47

Der Oderspeicher
Frankfurts Brauhaus
Hanewald 9
15230 Frankfurt (Oder)
Tel.: 53 58 85

Onkel Otto
Cottbuser Straße
15232 Frankfurt (Oder)
Tel.: 0171 870 77 19

Tragödie
Walter-Korsing-Straße
15230 Frankfurt (Oder)
Tel.: 53 71 12

Pillepalle
Buschmühlenweg 22

15230 Frankfurt (Oder)
Tel.: 53 58 32

**Sport und Freizeit**

Freizeit- und Campingpark Helenesee
15236 Frankfurt (Oder)
Tel.: 55 66 60

Olympia-Stützpunkt
Kieler Straße 9
15234 Frankfurt (Oder)
Tel.: 6 80 07 00

Sportzentrum der Stadt Frankfurt (O.)
Kieler Straße 9
15234 Frankfurt (Oder)
Tel.: 6 83 73 1

Allgemeiner Deutscher Fahrrad-Club
Otto-Nagel-Straße 7
Tel.: 4 33 33 08

**Kino**

Filmtheater der Jugend
Heilbronner Straße 18
15230 Frankfurt (Oder)
Tel. : 53 58 09

Kleines Kino
Franz-Mehring-Straße 20
15232 Frankfurt (Oder)
Tel.: 6 49 25

Focus e.V.
Info: 53 40 36

**Jugendtreffs**

Mikado
Franz-Mehring-Straße 20
15232 Frankfurt (Oder)
Tel.: 54 99 37

Kindertreff HOBPLA
Alter Wasserturm
15232 Frankfurt (Oder)
Tel.: 54 05 80

Jugendhaus ragbag
Martin-Opitz-Straße 7
15232 Frankfurt (Oder)
Tel.: 52 42 83

Rockit
Gubener Straße 20
15230 Frankfurt (Oder)
Tel.: 53 55 80

Kinder- und Jugendtreff Haltestelle Süd
Ziolkowskiallee 48
15232 Frankfurt (Oder)
Tel.: 53 47 27

Kinder- und Jugendzentrum Nordstern
Moskauer Straße 7
15234 Frankfurt (Oder)
Tel.: 6 80 28 25

**Stadtinformationen**

Stadtverwaltung Frankfurt (Oder)
Marktplatz 1
15230 Frankfurt (Oder)
Tel.: 55 20

Tourist-Information
Karl-Marx-Straße 8 a
15230 Frankfurt (Oder)
Tel.: 32 52 16

Fremdenverkehrsverein
Karl-Marx-Straße 8 a
15230 Frankfurt (Oder)
Tel.: 32 40 23

BrandenburgMesse
Messegelände Westkreuz
15234 Frankfurt (Oder)
Tel.: 4 14 24 0

**Dienstleistungen**

Klinikum
Müllroser Chaussee 7
15236 Frankfurt (Oder)
Tel.: 54 80

Arbeiter-Samariter-Bund
Gubener Straße 2
15230 Frankfurt (Oder)
Tel.: 2 24 11

Deutsches Rotes Kreuz
Briesener Straße 1
15230 Frankfurt (Oder)
Tel.: 2 24 60

**Reisen und Verkehr**

Stadtverkehrsgesellschaft
Heilbronner Str./Ecke Karl-Marx-Straße
15230 Frankfurt (Oder)
Tel.: 53 52 06

Deutsche Bahn AG
Bahnhofsplatz 11-12
15230 Frankfurt (Oder)
Tel.: 56 42 40 0

Oderfunktaxi
Tel.: 4 00 01 00

Funktaxi
Tel.: 53 11 11